首先，打破一切常规

FIRST, BREAK ALL THE RULES

[美] 马库斯·白金汉　柯特·科夫曼　著

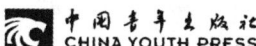

图书在版编目(CIP)数据

首先，打破一切常规／（美）马库斯，（美）科夫曼著；鲍世修等译。
—北京：中国青年出版社，2002
ISBN 978-7-5006-4750-8

Ⅰ.首… Ⅱ.①马… ②科… ③鲍… Ⅲ.企业管理:人事管理 Ⅳ.F272.92

中国版本图书馆数据核字（2002）第023494号

Chinese translation Copyright © 2013 by
CHINA YOUTH PRESS
FIRST BREAK ALL THE RULES by Marcus Buckingham and Curt Coffman.
Copyright © 2004 by Gallup
Original English Language Publication 1999 Simon & Schuster
New York, NY, USA

首先，打破一切常规
First, Break All the Rules

作　　者：	［美］马库斯·白金汉　柯特·科夫曼
译　　者：	鲍世修等
译　　校：	方晓光
责任编辑：	周　红
美术编辑：	夏　蕊　李　甦
出　　版：	中国青年出版社
发　　行：	北京中青文文化传媒有限公司
电　　话：	010-65511272 / 65516873
公司网址：	www.cyb.com.cn
购书网址：	zqwts.tmall.com
印　　刷：	大厂回族自治县益利印刷有限公司
版　　次：	2002年4月第1版 2011年8月第2版
印　　次：	2024年4月第27次印刷
开　　本：	880mm×1230mm　　1/32
字　　数：	200千字
印　　张：	11
京权图字：	01-2013-3775
书　　号：	ISBN 978-7-5006-4750-8
定　　价：	48.00元

版权声明

未经出版人事先书面许可，对本出版物的任何部分不得以任何方式或途径复制或传播，包括但不限于复印、录制、录音，或通过任何数据库、在线信息、数字化产品或可检索的系统。

中青版图书，版权所有，盗版必究

First, Break All the Rules

盖洛普公司由美国著名的社会科学家乔治·盖洛普博士于1935年创立,是全球顶级咨询/调查机构。盖洛普公司在长达七十多年的时间里,致力于测量和分析人的态度、意见和行为,得到包括中国政府、美国政府在内的世界各国政府和商业机构认可,被公认为世界权威。为此,盖洛普博士被美国权威的《生活》杂志评为"一百年来对美国历史影响最大的人"之一。

目 录
CONTENTS

关于本书　/ 009
中文版序　/ 011
引　　言　打破一切常规　/ 025

第1章　测量的标尺 035
　　什么事情我们明知重要却无法测量　/ 036
　　——一次惨祸的启示
　　怎样测量人力资本　/ 041
　　——关于测量标尺
　　测量的标尺与经营业绩相关吗　/ 049
　　——Q12
　　这些发现对公司究竟意义何在　/ 059
　　——一个典型案例
　　为什么Q12有先后顺序　/ 065
　　——分阶段攀登高山

第2章　优秀经理的智慧 077
　　盖洛普采访了什么人　/ 078
　　——探寻成功赢得员工的真谛

005

优秀经理所共有的革命性的真知灼见是什么　/ 081
——优秀经理应该知道的
优秀经理的四大基本职责是什么　/ 084
——优秀经理应该做的
优秀经理是怎样做的　/ 095
——四大要诀

第3章　第一要诀：选拔才干 ················· 099

为什么做好任何工作都需要天赋才干　/ 100
——优秀经理怎样定义才干
为什么天赋才干比经验、智力和意志都重要　/ 102
——选人第一
优秀经理能改变一个人多少　/ 109
——全脑时代
技能、知识和天赋才干的区别是什么　/ 114
——判断哪些是能改变的
打破那些管理神话　/ 129
——用才干的眼光看世界
优秀经理怎样找到才干　/ 137
——选拔最合适的天赋才干

第4章　第二要诀：界定结果 ················· 147

为什么管理人那么难　/ 148
——瞄准正确的结果
为什么多数经理力图控制员工　/ 152
——诱惑的误区

优秀经理如何用工作步骤来推动业绩 　／162
——四大基本规则
怎样界定正确的结果 　／177
——三个准则

第5章　第三要诀：发挥优势 …………………………… 185

优秀经理怎样让每个人的优势得到释放 　／186
——更上一层楼
为什么试图改变他人如此有诱惑力 　／188
——转变的故事不可信
优秀经理怎样始终如一地培养优秀业绩 　／193
——角色分配是关键
优秀经理如何打破金科玉律 　／197
——通过开口问来管理
优秀经理为什么有偏爱 　／200
——花最多的时间和你的明星员工在一起
如何在管理中避开弱点 　／216
——优秀经理从不忽视欠缺之处

第6章　第四要诀：因才适用 …………………………… 233

我的职业道路出了什么问题 　／234
——盲目、疲惫的攀登
为什么总把员工提拔到他们不能胜任的级别 　／241
——一级未必通往另一级
如何在每个职位上创造英雄 　／244
——优秀经理的创新晋升法

什么是推动新职业的驱动力　／256
　　——三个故事和一份新工作
优秀经理如何解雇员工又能保持关系完好　／274
　　——"残酷的爱"的艺术

第7章　优秀经理的实用工作指南 ············ 283

面试时什么是该问的问题　／285
　　——关注才干的艺术
如何建立绩效管理常规　／294
　　——简单、频繁交流、着眼未来
员工如何自我激励　／303
　　——管理好沿袭传统智慧的经理
公司如何为优秀经理创造良好环境　／309
　　——冲破壁垒的四原则

结　语　力量的汇合 ············ 315

附　录 ············ 319

附录A　什么是通往股东价值持续增长的路径　／320
附录B　优秀经理如何回答第二章中的三个问题　／325
附录C　哪些天赋才干最常见　／327
附录D　盖洛普是如何发现Q12的　／332
附录E　元分析的细节是什么　／334

中文版后记　／351

关于本书

在世界众多的顶级经理中,相互间的共同之处往往是不多的。他们间存在着性别、种族和年龄上的差异,各有与众不同的办事风格和持续关注的目标。尽管这些优秀经理可谓千人千面,却有一处彼此相同:他们在动手做任何一件事之前,总要打破一切"传统智慧"的陈规戒律。他们不相信,只要经过充分培训,一个人想做什么,就能做成什么。他们从来不试图帮助一个人克服他的弱点。他们一向不把金科玉律放在眼里。而且,由不得你不信,他们甚至有所偏爱。他们为什么这样?这本非同凡响的书将会告诉你。

盖洛普公司对来自不同行业的大批优秀经理进行了深入研究,并在书中展示了他们的重大发现。这些经理有的身居高位,有的任一线主管,有的供职《财富》500强,有的在私人小公司效力。无论其处境如何,最终成为盖洛普研究重点的经理无一例外地善于变每个员工的天赋才干为业绩。

First, 打破一切常规
首先,Break All the Rules

在当今供不应求的劳动力市场上,公司争先恐后地用高薪、福利、晋升和培训来吸引和留住最优秀的员工。但是这些用心良苦的努力往往偏离目标。能否吸引和留住有天赋才干的员工,关键在于一线经理。无论其薪酬多么丰厚,培训多么著名,一家公司如果缺少优秀的一线经理,都将受挫。盖洛普公司认为,顶级经理在选拔员工时,注重天赋才干,而不是技能或经验;在对员工提出要求时,界定正确的结果,而不是步骤;在激励员工时,帮助每个人发挥其独特优势,而不是弥补其弱点;在培养员工时,帮助每个人因才适用,而不是让其往上爬。或许最重要的是,这项研究开始时,曾就员工民意问及数千个问题,但最后总结出十二个简单的问题,来识别一家公司最优秀的部门。此书独创了这一至关重要的测量标尺,并证明了员工民意与生产效率、利润率、顾客满意度和员工保留率之间的关联。

此书不仅为各层经理提供了有关绩效和职业发展的重要启示,尤为可贵的是,它教你如何把这一切应用于你的实际工作。

长达六十多年,盖洛普公司致力于测量和分析人的态度、意见和行为,被公认为世界权威。虽然其最出名的产品是盖洛普民意测验,但盖洛普的大部分业务是为诸多的国际超大型公司提供测量、咨询和培训服务。盖洛普的客户包括:奥迪、美洲银行、百思买、卡尔森公司、花旗集团、德意志银行、诺基亚、沃尔玛、惠普、澳州电信、瑞士酒店集团、丰田等。

中文版序

我有一个厨师朋友,姓陈,很聪明,做的一手好菜。他的绝活是活鱼。他做的活鱼跟别人不一样。别人做的活鱼端上桌顶多动几下。而他的鱼吃得只剩下一根骨头,用筷子敲敲它的腮帮,还能动。我要不是亲口尝过,真不敢信。惊奇之余,我问小陈,他是怎么做的。他神秘地笑笑,反问我,想听哪种回答,教科书上的,还是他自己的。我说都听。他说,教科书很简单。买一条活鱼,必须是鲤鱼。开膛破肚,切上刀花,但不能伤着头部。用湿毛巾把鱼头裹住,抓住鱼头把鱼身浸入沸油煎炸。恰到好处就出锅,浇上事先备好的汤汁,上桌,用筷子敲鱼头,只要动两下,就算合格。"就这么简单?"我将信将疑。"就这么简单。"他说。"可是你的鱼为什么能动那么久呢?"我问。"那是因为我有我的做法。"

小陈究竟有什么秘诀?在我的追问下,他告诉我:"关键在于选鱼。"他说,他每次做活鱼都要亲自到鱼市场去选鱼。他选鱼十分挑剔,能把一盆鱼翻个遍,以至于出了名。每次他一出现,鱼贩就会相互告知:"要倒霉了,那姓陈的小子又来了。""都是活鱼,你能看出不同吗?"我感到费解。"鱼跟鱼是不一样的。"他颇为自得:"挑鱼关键是看眼睛。""眼睛里有什么?"我更迷惑了。"我要找的就是那种宁死不屈的眼神。"

我大笑,心想,这家伙真会白唬。

这是过去的事了。几年后,我加入了盖洛普(中国)公司。除担任公司领导外,我还参与盖洛普人力资源管理产品的市场开发与推广,包括眼下这本《首先,打破一切常规》的译校。我读着这本书,不禁想起了小陈做活鱼的故事。照书中的说法,小陈也算打破常规。首先,他并不满足于业绩的平均水准。他觉得教科书动两下的标准太低。他的鱼要动到最后,这样才出彩。用行话说,他要争创一流。其次,他认定,按部就班是不可能出彩的。一流的效果需要一流的鱼,或书中所谓的天赋才干。再次,好鱼或天赋才干是天生的,关键在于选拔。最后,选拔自有其诀窍。

好了,言归正传。

我认为,《首先,打破一切常规》是一本好书。这不仅是因为它1999年在美国出版后,好评如潮,久居权威的企业管理畅销书榜,并成为美国著名商学院的教材;也不仅是因为它集盖洛普几十年调查和研究之大成,有着坚实的依据和信度。我觉得,对于改革大潮中的国人，此书的价值正如书名所示，在于打破常规。世纪之交，世界的变化加速了。依我之见，推动这一变化的有三个加速器：信息化、全球化和知识经济。三者的汇合引发了一场管理的革命。其核心就是如何在全新的背景下认识、管理和培养人。《首先，打破一切常规》通过严谨的论理和翔实的案例，对此提出了革命性的见解。

通过多年的管理研究和咨询实践，我认识到，一个好的咨询产品，必须能剥三层"洋葱皮"。其一，必须有一个高屋建瓴的指导思想；其二，必须有一个科学的测量和分析模型；其三，必须有一个针对客户需求，便于付诸实施和能够产生实效的咨询方案。

《首先，打破一切常规》的核心思想是人本管理和优势理论。时下，人本管理正时髦，几乎人人挂在嘴边。"知识经济是人本经济"，"人力资源是第一资源"，"人才竞争是根本竞争"，这样的话我们天天听。但是，人本管理从哪里开始？回答各有不同。盖洛普说，从第一格——重新认识人性开始。为什么要重新认识？因为关于人性的许多"传统智慧"值得反思。例如，只要功夫深，铁杵就能磨成针吗？就算能，铁杵应该磨成针吗？还有，哪条路更好？琴棋书画，博而不精，还是一招鲜，吃遍天？优势和天赋才干是什么？唯有乔丹们才有吗？还是人人都有？天赋才干是先天和早期形成的，还是能够后天培训的？没有所需天赋才干能创一流业绩吗？是唯有"高级"工作需要天赋才干，还是做好每件工作都需要天赋才干？

如同书中提及的优秀经理们，盖洛普对人性的定义是打破常规的。盖洛普说，优势不是乔丹们的专利，每个人都有天生优势。所谓优势，说得通俗点，就是你天生能做一件事，比其他一万个人做得好。优势由天赋才干、技能和知识构成，其核心是天赋才干。才干的定义是一个人"贯穿始终并能产生效益的思维、感觉和行为模式"。天赋才干是先天和早期形成的，一旦定形，很难改变。天赋才干是个人所独有的，无法传授，也无法培训。不仅"高级"工作，所有工作都需要天赋才干。唯有具备所需天赋才干并加倍努力的人，才能把一项工作做成世界一流，而对企业来说，任何岗位上的一流员工都是最宝贵的财富。

接下来，盖洛普说，既然优势人人都有，那么，无论对于当事人还是他的领导，关键就在于识别和发挥其独特优势。何谓"有才"？唯有得以在实际工作中发挥其天生优势并创造效益的人才算"有才"，否则再能干也等于没才。于是，盖洛普建议，铁杵继续当好铁杵，在本职岗位上争创一流，同时去买一根针来缝衣服。同样，让兔子去跑，别教猪唱歌，因为你白费功夫，猪还不高兴。套用中国另一句行话，与其不切实际地要求每个人"干一行，爱一行"，不如提倡人人"爱一行，干一行"。盖洛普说，爱你干好的事，干好你爱的事；唯有干得好，你才会去爱；唯有爱得深，你才干得好。问题是，人人都知道他们究竟爱哪行吗？

盖洛普关于人性的看法，不是凭空而来，而是有深厚的科学依据。在行为科学领域，盖洛普倡导成功心理学的研究和实践。成功心理学有别于关注病态的传统心理学，致力于研究成功之道。通过研究成千上万的案例，盖洛普发现，尽管其路径各异，但成功者有一个共同点，就是扬长避短。"传统智慧"则不同。"传统智慧"是一种负面的思维方法。同样半杯水，盖洛普说半杯是满的，"传统智慧"说半杯是空的。"传统智慧"鼓励人们不遗余力地去纠错补缺，以求完美，并以此来定义进步。"传统智慧"不知，做任何事情都有机会成本。把精力和时间花在弥补欠缺上，人们就无暇顾及增强和发挥优势；何况任何人的欠缺都比天赋才干多得多，且大部分欠缺是无法弥补的。如此，不仅达不到完美，反而会失去单项夺冠的机会。简言之，"传统智慧"提倡"伤其十指"，而盖洛普主张"断其一指"。

在这种思想指导下，盖洛普赋予"人本管理"具体的标准和内容。大而化之地侈谈人多么重要是没有意义的。如果把人看错和用错，再关心和培养也无济于事。相反，盖洛普强调，人本管理的关键，就是在对人性的科学理解基础上，把人的优势看准和用对。

这一切听来固然有理，但是如何付诸实施，使企业得以招聘、使用、保留和培养其所需的人才呢？换言之，什么样的企业文化或工作环境最能吸引和留住人才？

如同"人本管理"，如今"企业文化"也是一个被人用滥的字眼。如果我们仔细观察，就会发现，为数众多的企业在"企业文化"建设上满足于提出几条新颖的口号，或起草一份煽情的使命声明，或由总经理发表一次慷慨激昂的演说。殊不知，"企业文化"建设说到底是塑造一家企业的集体作风和性格，决非一两次报告、一两条标语或一两篇文章所能完成。

与此相反，盖洛普认为企业文化建设是一个持久而细密的过程，需要使用组织行为学的"纳米"技术——从每个员工抓起。不仅如此，盖洛普经过大规模调查发现，如果员工是企业的"分子"，那么负责把他们排列整齐，继而把组织竞争力提高到"金钢钻"级别的关键人物并不是企业的高层领导，而是一线经理，而经理的秉性和风格是各个不同的。事实上，就此而言，一家企业有N个一线经理领导下的部门，就有N个文化。员工加入公司或企业，可能是慕名而来，但是他们能呆多久，在岗位上是否敬业，能不能化天赋才干为业绩，则主要取决于经理是否优秀。如果经理平庸无能，则无论公司多么"如雷贯耳"，老总多么"魅力超人"，都留不住人才。所谓"加入公司，离开经理"，就是这个意思。

盖洛普强调一线经理的作用，还有另一个重要原因。在知识经济时代，越来越多的企业（包括制造业）以服务为导向。优质服务不仅赢得满意和忠实的顾客，而且创造越来越大的利润。既然如此，一线经理所率领的面对顾客的一线员工表现如何，往往决定企业在市场竞争中的成败。打个比喻，基层文化如同人体的微循环。我们都知道，微循环不好的人手指是冰凉的。为客户服务如同与人握手。如果手指冰凉，是会把人吓跑的。

既然经理如此重要，而基层管理又是千头万绪，人们应从哪里下手呢？在这里，盖洛普剥了第二层"洋葱皮"，发明了一个评测和管理基层工作环境的工具，叫作Q12。盖洛普认为，没有测量，就没有管理；这就跟不算账就无法做生意一样。Q12是盖洛普采访了一百多万名员工，一千多个部门，然后经过缜密的数据分析，总结出来的十二个维度。这十二个维度有双重作用。用作测量时，它们是十二个问题，不仅能用来评测一个部门／班组的工作环境，而且能据此区分优秀和一般的部门／班组。用作管理时，它们是十二个重点。盖洛普用大量案例和数据证明，一个基层经理如果能悉心关注这十二个方面，就能推动生产效率、利润率、员工保留率和顾客满意度等重要经营业绩指标的提高。

以下是Q12的具体内容：

1. 我知道对我的工作要求。
2. 我有做好我的工作所需要的材料和设备。
3. 在工作中，我每天都有机会做我最擅长做的事。
4. 在过去的七天里，我因工作出色而受到表扬。

5. 我觉得我的主管或同事关心我的个人情况。

6. 工作单位有人鼓励我的发展。

7. 在工作中，我觉得我的意见受到重视。

8. 公司的使命/目标使我觉得我的工作重要。

9. 我的同事们致力于高质量的工作。

10. 我在工作单位有一个最要好的朋友。

11. 在过去的六个月内，工作单位有人和我谈及我的进步。

12. 过去一年里，我在工作中有机会学习和成长。

有人会问："这与一般的员工满意度调查有什么不同？"盖洛普说，第一，我们关注的是员工的敬业度，而不仅仅是满意度，因为满意的员工未必敬业，而唯有敬业的员工才能增强企业的竞争力。第二，Q12虽以员工民意调查为基础，但不限于调查。精确地说，Q12是一个管理系统。其精髓在于从测量和行动两个方面，把基层管理维度化。传统的员工民意调查以调查为目的，而Q12旨在推动对话，继而改进管理。如何改进？发动广大员工根据评测结果制定行动计划，以求增加对上述各项答"非常同意"的员工人数。盖洛普调查显示，这样的员工越多，其所在部门/班组的业绩越优秀。而这样的部门/班组越多，企业的整体竞争力越强。实际上，Q12就是企业基层管理的KPI（关键业绩指标）。

"Q12是舶来品，符合中国国情吗？"在我们为客户服务的过程中，这个问题常被问到。我的回答是，仔细琢磨每个问题，实在嗅不出特殊的洋味道。要说有什么引人注目的地方，就是通篇贯穿优势理论和积极思维。例如："在工作中，我每天都有机会做我最擅长做的事。"如果有人坚持认为这是舶来品，我倒觉得我们恰恰需要它来打破束缚我们思维和创造的种种陈规戒律。

我们曾在一家大型国有企业实施Q12。一如典型的国外大型组织，这家企业所属各部门／班组在Q12评测得分上存在巨大差异。最佳部门的得分在盖洛普的庞大数据库中高居第90百分位以上，即属于最先进的10%。而最差部门不到第10百分位，即属于最后进的10%。我们随后对先进部门的经理进行深访，欣喜地发现，她虽然事前对Q12毫无所知，但其管理实践却与Q12惊人相似。不仅如此，该部门所在的分公司是全公司业绩最好的。

"难道就这十二个问题吗？是不是太简单了？"盖洛普做过统计，传统员工民意调查平均长达一百五十个问题，可谓从头问到脚，弊病多多。其一，烦琐。员工容易迷惑和厌倦。其二，脱离基层。许多问题非基层所能控制和解决。其三，结果保密，易被视为"假民主"。其四，脱离行动。例如，一些有关薪酬和待遇的问题，往往是明知故问，光说不练，致使员工产生逆反心理。有人对《财富》500强做过调查，发现80%定期测量员工民意，而60%声称越测越糟，盖出此因。相比之下，Q12简明扼要，抓住重点，便于行动。细看每个问题，都在基层经理和员工控制之下。做好做坏，全在于责任心，谁也无法找借口。

如书中所言，Q12是盖洛普从大量调查数据中总结出来的，是对千变万化的管理实践的理论抽象。它虽然是一个有效的管理工具，但不能代替管理实践本身。如同一架数码相机，把生活中的景象变成数码信号加以处理和储存，但必须还原成图像，观众才能欣赏和喜欢。Q12的每项都貌似简单，但还原到管理实践中，就像数码照片，是五彩缤纷，变化无穷的。套用一句电脑术语：在Q12的每个目录下，都有无数子目录。

以第一项"我知道对我的工作要求"为例，初看一目了然，但细想一下，你就会问，什么是要求？是一锤定音，还是不断变化？谁来提要求？是公司领导，还是一线经理？要求一定自上而下吗？员工本人参与吗？同事们应不应相互提要求？如果经理提要求，是对员工提出统一要求，还是因人而异？提出要求后经理该做什么？如果员工达不到要求怎么办？等等，等等。

再看"我觉得我的主管或同事关心我的个人情况"。怎样去关心员工，想必优秀经理们各有一招。我问过一位客户公司的分公司经理，他的回答是"区别对待，动之以情"。他告诉我，今年春节，他做了一件大得人心的事。他在除夕把公司年终评选的七八名优秀员工的父母请来吃年夜饭，向他们通报子女的业绩，饭后亲自陪他们参观新落成的公司营业大楼。我问他为什么这样做。他说，他了解到，员工有成绩最希望父母知道，而父母知道子女有出息，会鼓励他们继续努力。"你瞧，一顿饭比我做好几场报告都灵。"他不无自豪地说。这是这位经理开发的子目录。

说到这，该谈谈这本书剥的第三层"洋葱皮"：如何在优势理论指导下，使用Q12这样的工具，变员工的天赋才干为绩效。

盖洛普为写这本书，访问了八万名经理，其中不乏优秀人物。尽管这些优秀经理个人风格和做法各异，但有一点相同：他们都离经叛道。他们所背离的，实际上就是"传统智慧"的负面思维。他们的所作所为，处处体现人本管理和优势理论。书中引用了优秀经理的一段名言，凝聚了他们的管理哲学：

"人是不会改变的，

不要为弥补欠缺而枉费心机，

而应多多发挥现有优势，

做到这一点已经不容易了。"

盖洛普发现，尽管经理日理万机，但就管人而言，基本上可归结为四大职责：选拔人，提出要求，激励他和培养他。一如所有的经理，优秀经理也做这四件事，只是他们的做法"打破常规"，盖洛普称之为成功管理的四要诀，即：选拔天赋才干、界定结果、发挥优势、因才适用。

优秀经理在选拔人时，既关注求职者的智能和经验，更关注他／她是否具备所需天赋才干，即"贯穿始终的思维、感觉和行为模式"。优秀经理确信，虽然通过培训和个人努力，一名员工可以达到一定的业绩水平，但唯有具备所需天赋才干的员工，才可能在各自的岗位上出彩。优秀经理刻意寻找的是明星。

优秀经理在提出要求时，注重界定正确的结果。这不是说步骤不重要，但优秀经理认定，在大部分情况下，只要明确目标，员工应自行寻找对他们最合适的路径。优秀经理说，在现实生活和工作中，两点之间最短的路径不是直线，而是阻力最小的路径。不同的人面临不同的阻力，继而会选择各不相同的最佳路径。鉴于此，优秀经理不当管头管脚的碎嘴婆婆。

优秀经理笃信优势理论，反对用铁杵去磨针。他们区别对待每个员工，但他们的标尺不是每个人的弱点，而是每个人的独特优势。他们要做的头等大事，是在准确识别员工优势的基础上，把他／她派往适合其优势的岗位，进而帮助他／她充分发挥优势。

优秀经理培养员工的方式，不是鼓励每个人往上爬。他们不反对提拔有管理才干的人，但反对在企业中搞"官本位"。相反，他们在更多情况下，鼓励员工在现有岗位上发展，直至成为明星，成为"状元"。在他们心目中，工作岗位不分贵贱，但工作表现却分优劣。每个岗位上的明星和"状元"都是最可宝贵的，其价值远在碌碌无为的"企业官"之上。

优秀经理的管理四要诀在知识经济时代具有特殊的适用性。管理权威托马斯·斯图尔特在《知识资本》一书中说："在知识资本时代，最有价值的工作是以人为本的；其内容是感知、判断、创造和建立各种关系。"如果处理各种人际关系是越来越多的人所从事的越来越有价值的工作，那么经理面临的挑战就是天赋才干和个性密集的。不仅如此，知识工人所关心的，不是简单就业，而是开拓事业，不是成活率，而是成功率。所谓成功，按照本书的定义，就是在适合自身优势的岗位上出类拔萃。既然如此，知识经济时代的经理必须跳出产业经济"管、卡、压"的窠臼，转而发挥本书所谓的"催化剂"作用，即"通过加速员工天赋才干与公司目标之间，以及员工天赋才干与客户需要之间的反应，来帮助每个员工创造业绩"。

写到这，我又想起常被问到的问题，此书是"舶来品"，书中的案例符合中国国情吗？符不符合，大家来评说。但书中有一句话我想肯定是对的。那就是，优秀经理既刻意学习外部经验，更注重研究他们自己的明星员工。有一句老话："榜样的力量是无穷的。"我觉得，此书中的优秀经理在告诉我们，应在"榜样"前加一个定语，叫作"身边的榜样的力量是无穷的"。我的好友，盖洛普（中国）公司总经理郭昕告诉我，他上小学时，学校号召学生们"远学雷锋，近学王小毛"。王小毛是他们学校的一名好学生，经常做好事。同学们看得见，学得了。我建议各位管理者读了此书，都去寻找自己身边的"王小毛"。研究他们为什么优秀，推广他们的经验，并鼓励其他员工学习先进，想必会有好效果。

我在推广盖洛普人力资源管理的咨询产品时，总觉得它与我们传统的思想工作有些相似。有一段时间，思想工作不时髦了。

First，打破一切常规
首先，Break All the Rules

一说到管理，人们常常想到各种复杂的技术。好像只要安上足够的电脑和网络，一切问题都迎刃而解。其实，现在国外最时髦的管理理论之一就是员工思想工作。过去我们强调思想工作，但往往违背人性和市场经济的原则，出发点有误，不仅收效甚微，还会适得其反。但这并不说明思想工作本身过时和失效。盖洛普在成功心理学的研究基础上，提出了新的一套符合人性和市场经济规律的思想工作理论和工具，做了一件很有价值的事。中国加入世贸组织后，市场化和国际化的进程大大加快。值此时刻，我们把《首先，打破一切常规》介绍给大家，相信会对增强中国企业的竞争力，更成功地迎接入世的挑战有所帮助。

盖洛普（中国）公司副董事长　方晓光
2002年3月，北京

引 言
INTRODUCTION

打破一切常规

在世界众多的顶级经理中，相互间的共同之处往往是不多的。他们间存在着性别、种族和年龄上的差异，各有与众不同的办事风格和持续关注的目标。尽管这些优秀经理可谓千人千面，却有一处彼此相同：他们在动手做任何一件事之前，总要打破一切"传统智慧"的陈规戒律。他们不相信，只要经过充分培训，一个人想做什么，就能做成什么。他们从来不试图帮助一个人克服他的弱点。他们一向不把金科玉律放在眼里。而且，由不得你不信，他们甚至有所偏爱。

优秀经理们实际上是一群革命家，尽管几乎没有一个人会用这样的字眼来描述他们自己。本书将把读者引入这些经理的内心深处，告诉你他们为什么要推翻"传统智慧"，而代之以一些他们自己悉心总结的新的真理。

我们现在不是在鼓励你用某种经由这些优秀经理标准化了的样板，来取代你自己固有的管理风格。因为正如你将会看到的，这些优秀经理并没有一种大家共有的"标准风格"。相反，我们的目的在于，通过向你展示如何把各地优秀经理们共有的带革命性的深刻见解学到手，来帮助你有效发扬你自己的风格。

本书是盖洛普公司过去二十五年来所做的两项大规模调查研究的成果。其中第一项研究关注员工。我们的问题是："那些最有天赋才干的员工希望从他们的工作单位得到什么？"盖洛普公司对来自不同公司、行业和国家的上百万员工进行了调查。我们向他们提出了涉及其工作环境的各种问题，然后深入研究他们的回答，以求发现最能干的员工对其工作环境有哪些最重要的需求。

我们的研究收获甚丰，但其中最重要的发现是：有天赋才干的员工需要优秀经理。一个有天赋才干的员工之所以会加入一家公司，可能是因为这家公司既有独具魅力的领导人，又有丰厚的薪酬和世界一流的培训计划。但是这个员工在这家公司究竟能待多久，其在职业绩如何，则取决于他与直接主管的关系。

上述简单发现促使我们开展了第二项研究："世界上的顶级经理们是怎样去物色、指导和留住众多有天赋才干的员工的？"为回答这个问题，我们寻根溯源，深入各类公司——大公司、小公司、私营公司、上市公司和国营公司，并采访了这些公司中一批有代表性的经理，其中有最出色的，也有比较一般的。那么我们是如何知道谁是最出色的，谁又是比较一般的呢？我们要每家公司提供它们测量业绩的各种数值。优秀经理正是通过这些数值，如销售额、利润率、顾客满意度、员工流动率、员工民意，以及360度测评等的检验，脱颖而出的。在过去的二十五年中，盖洛普公司曾对八万多位经理分别进行了采访，每次一个半小时，全都做了录音和笔录。

在这些经理当中，有的身居高位，有的供职中层，还有的任一线主管。但他们每人都领导若干员工。我们集中分析了那些善于将员工的天赋才干转化为绩效的经理。尽管这些优秀经理在风格上千差万别，但我们还是要努力发现他们究竟有什么共同之处。

他们的一些想法是朴素和直接的，但做起来并不容易。"传统智慧"之所以成为传统，有其必然原因：比较省事。认为每个员工都有无限的潜力；设想帮助一个员工的最好方法是促使他克服缺点；"己所不欲，勿施于人"；对员工一视同仁，以免被人指责为偏袒。这些都是比较省事的。"传统智慧"的确让人放心，令人着迷。

优秀经理们富有革命性的智慧则不那么省事。他们的路径要艰辛得多，需要纪律、专注、信任，并且更重要的是，因人而异，区别对待。在本书里，优秀经理摆在读者面前的，既不是包罗万象的全新的理论体系，也不是现成的解决方案。他们所提供的，是关于天赋才干本质的真知灼见和将天赋才干转变为持续绩效的秘诀。真正的挑战在于，你如何通过日常对员工的个别管理，将这些真知灼见融入你的风格中去。

☆　　☆　　☆

从本书中听到的是一百万员工和八万经理的声音。这些访谈固然使得本书真实可信，但由于其数量巨大，难以显示每个员工和优秀经理的个性。以下是从一次访谈中摘取的片断，通过它，人们对我们过去所做的大量深度访谈所具有的格调和内容就能略有了解。

我们在引述所有经理的言谈时，总要变换其姓名，以便为其身份保密。我们姑且把这位经理称作迈克尔。迈克尔受雇于西北太平洋地区一家大型旅店集团，负责经营其下属的一家美食餐馆。自十五年前盖洛普认识迈克尔以来，他的餐馆在销售、赢利、增长率、员工保留率和顾客满意度方面一直名列公司前十名。在他的公司、顾客和员工眼里，迈克尔是一名优秀经理。

翻阅本书，你将看到其他公司经理和员工表述的与迈克尔相似的观点。不过，我们并不想指出这些相似之处，而宁愿由你自己边读边想。现在我们先让迈克尔说说自己的情况。

盖洛普：你能跟我们谈谈同你共过事的最好团队吗？

迈克尔：你是要我谈我的整个团队吗？至少有三十个人跟我

一起工作。

盖洛普：就跟我们谈谈你的核心成员吧。

迈克尔：我想同我共过事的最好团队是我几年前的侍应生团队。他们一共四人。布拉德约三十五岁，是一名职业侍应生。他为自己是全城最棒的侍应生而感到无比自豪。他最出色的一点是具有预见性。顾客无须主动要这要那，因为当顾客刚产生要加水或看甜食菜单的念头时，布拉德就会出现在他们身边，把他们所要的东西递过去。

另一位名叫盖里。盖里是个纯朴的人。不能说他幼稚，只是纯朴无邪。他生来就认为，世界充满友谊，所以总是面带笑容，热情洋溢。当然，我不是说他不专业，因为他很专业。他总是衣着整洁，衬衣熨得笔挺。不过，盖里给我印象最深的，还是他的友好态度。每个人都喜欢跟他在一起。

苏珊是我们的引座员。她性情开朗，充满活力，举止得体。她刚来时，我以为她少根弦。但我错了。她待人接物真是无可挑剔。碰上太忙的夜晚，她会既和颜悦色又口气坚定地告诉来客，临时就餐无法安排。而在午餐时刻，有些顾客往往是要了饭菜，吃完了付钱就走。苏珊考虑到这种情况，就告诉服务员，对这类顾客，上菜速度最为重要。她就是这样事事留意，所以总能做出正确的决定。

埃玛是我们组内一名未经宣布的组织者。与别人相比，她更少言辞，更有责任感，更关心每个人。星期六晚上比较忙，她会事先召集全体，逐一提醒大家共同维护餐馆形象，并自觉互助，避免出错。

这四个人是我带领过的最好团队中的骨干。与他们共事，根本不需要我插手。他们把店里的事都包了。他们自行培训新员工，并以身作则。而对不称职的人则予以解雇。整整三年，有他们管理餐馆，我就高枕无忧。

盖洛普：他们现在在哪里？

迈克尔：苏珊、埃玛和盖里都已大学毕业，回到了东部。布拉德仍和我在一起。

盖洛普：你有建立出色团队的诀窍吗？

迈克尔：不，我不认为这当中有什么诀窍。我想，一个经理的最大贡献就是让每个人对自身感到心情舒畅。你瞧，我们大家都会有一种不安全感。如果我们在工作中不必始终面对这种不安全感，那有多好！我从没有试图改变布拉德、苏珊、盖里和埃玛，也不想使他们彼此完全相同。我是在努力创造一种环境，使其中的人在原有基础上更上一层楼。只要他们相互不扯后腿，只要他们能使顾客满意，对他们之间的千差万别，我是不在意的。

盖洛普：你对他们这么了解，是怎么做到的？

迈克尔：我在他们身上花的时间非常多。我听他们聊天，带他们外出就餐，喝酒，假日请他们到家中做客。不过，通常我最感兴趣的是他们的为人。

盖洛普：有一种说法，"混熟了就会没规矩"，你怎么看？

迈克尔：那是错误的。如果你不了解你手下的人，不知道他们的风格、动机和个人处境，那你如何管理他们？我想你没法管理。

盖洛普：你是否认为一个经理对待每个人都必须采取同一种方式？

迈克尔：当然不是。

盖洛普：为什么？

迈克尔：因为每个人都是不一样的。前面我谈到盖里，说到他是一位多么出色的员工。可是，我曾两次解雇他。他到处开玩笑，有几次开过了头，使我忍无可忍。虽然我的确喜欢他，但我不得不解雇他。如果我不当机立断，对他说"星期一你不要来了"，那我们之间的关系肯定会就此完结。在每次发生这样的事后，他都会加深对自我和自身价值的认识。所以两次我都重新雇佣了他。我认为，由于我做了这些工作，他变得更好了。

我同盖里共事，采取的是一种强硬手法。但是，用它来对待布拉德是绝对不行的。对待布拉德，即使我说话嗓门大一些，都会产生意想不到的结果。他会一蹶不振。因此，当我与他发生分歧时，我必须轻言慢语地跟他谈，并非常细心地向他说明各方面的道理。

盖洛普：区别待人是不是不太公平呢？

迈克尔：我不这样想。我认为，每个人都希望得到别人的理解。以不同方式对待他们正是为了帮助他们认识到自己的与众不同之处。如果我知道某个员工承担着养家的重任，那我在排班时，就会给他一个比打工的学生好一些的时段。打工学生也许会气恼。不过，当我向他说明情况后，通常他会消气。不仅如此，通过这件事，他还会了解到，在他需要某种特殊帮助时，我也会关照的。传递这样的信息是很有用的。

盖洛普：除了盖里之外，你还解雇过其他人吗？

迈克尔：很遗憾，还解雇过其他人。跟大多数经理一样，有时我选人不当，后果惨重。

盖洛普：你在解雇一名员工时，通常采用什么方法？

迈克尔：动作要快，越快越好。如果有人持续表现欠佳，你可能以为等待会对他有利。那你就全错了。实际上，你会把事情搞得更糟。

盖洛普：你当经理已经十五年。如果有一名新上任的经理来向你讨教，你准备向他讲点什么呢？

迈克尔：你知道，我不是这方面的专家。我仍在不断学习。

盖洛普：那好，你就跟我们说说这些年来有助于你个人成长的一些心得体会吧。

迈克尔：好吧。我认为，首先要选好人。如果这一点你做到了，其他事就好办多了。

一旦你选好了人，就要信任他们。在这里工作的人都知道，钱柜对他们是敞开的。如果有人要借两美元买烟，或200美元付房租，他们都能如数借到。只要在钱柜里留下一张借据，并按时归还即可。如果你期望员工出类拔萃，他们就会出类拔萃。对他们我很少失望过。而且，即使有人辜负了我的信任，我也不认为必须制定新的规章来惩罚其他人。

另一点是，对人的提拔不要过头。要按劳付酬，并用各种方式确保他们继续做好本职工作而劳有所得。布拉德是一名优秀服务员，可是让他当经理就会很糟糕。布拉德乐于为他所尊敬的观众表演。对顾客他是尊重的，但对有些新员工却不太尊重，而对一名经理来说，这些员工就是他的观众。

还有一点特别重要：千万不要推卸责任。千万不要说："我看这是个馊主意，可公司坚持这么干。"推卸责任可能使你在自己的小单位轻松一时，但整个组织会因此而削弱。因此，从长远看，你实际上会使自己的处境恶化。比这更糟的是开空头支票。鉴于你不知道公司下一步会突然对你提什么要求，我建议你遵循一条简单的原则：尽量少许愿，而一旦许愿，就必须兑现。

就这些。

盖洛普：关于如何当好经理，你还有什么其他经验可以介绍？

迈克尔：要说的话，可能就是这么一条：每个经理必须牢记，他每天都站在舞台上。他手下的人天天都在看着他。他的一言一行和说话方式都在给他的员工送去各种信号。而这些信号会直接影响到他们的业绩。因此，千万不要忘记，你是站在舞台上。

这就是迈克尔的话。至少是他的只言片语。在整个调研过程中，我们访问了数千名像迈克尔这样的经理和数十万名为迈克尔这样的经理工作的员工。迈克尔有些看法是大家共有的，如：切勿推卸责任；少许愿；许愿就要兑现。但他的大部分观点是革命性的，如：帮助所有的员工不脱离其天生优势而更上一层楼；因人而异地对待员工；与员工交朋友；用人不疑；等等。一如所有的优秀经理，迈克尔打破了"传统智慧"的陈规戒律。

像你一样，我们懂得，变革是现代生活的一个事实。我们还懂得，商业气候变化无常，管理方式此消彼长。可是，我们在访问迈克尔这样的经理以及他们所管理的员工的过程中，却在寻找经久不变的东西。例如，那些有天赋才干的员工经常需要什么？那些优秀经理为了将天赋才干转化为业绩经常做什么？物色、指导和留住有天赋才干的员工有什么持久的秘诀？什么东西万变而不离其宗？这些就是我们的问题。下述章节中，我们将展示我们的发现。

第 1 章
测量的标尺

First,
Break All the Rules

- 什么事情我们明知重要却无法测量
- 怎样测量人力资本
- 测量的标尺与经营业绩相关吗
- 这些发现对公司究竟意义何在
- 为什么 Q12 有先后顺序

什么事情我们明知重要却无法测量
——一次惨祸的启示

1707年10月,一个浓雾迷漫的夜晚,大英帝国几乎损失了整整一支舰队。事前并没有发生激烈的海战。克洛迪斯利·肖维尔海军上将把自己在大西洋所处的位置算错了。他的旗舰撞上了英格兰西南海岸外锡利群岛的礁石。这支舰队的其余舰只盲目地尾随其后,一艘接一艘地撞上礁石。结果,四艘军舰和两千多条人命葬身海底。

对于这样一个自命不凡的海洋大国来说,这一悲剧的确令人难堪。不过,如果我们公平对待克洛迪斯利·肖维尔的在天之灵,就一点也不觉得惊讶了。虽然经度和纬度的概念早在公元前一世纪就已问世,但直到1700年,我们尚未发明一种测量经度的精确方法；也就是说，当时没有一个人能准确知道他们在海上究竟向东或向西航行了多远。而像克洛迪斯利·肖维尔这样的职业航海家，要估计自己的航程，也只有靠猜测航行的平均速度，或在船的一侧扔下一段圆木，看它从船首漂到船尾要多长时间。既然当时使用的测算方法如此原始，那么这位海军上将酿成大错，也就情有可原了。

引起这次惨祸的原因，并不是这位海军上将的疏忽大意，而是他缺乏测算某种他深知对航行至关重要的数据（即经度）的能力。

与此类似的场景在今日的商业社会也时有发生。许多公司都知道，他们能否物色和留住有天赋才干的员工，对于他们的持续成功至关重要，但是他们却无法知道他们在这方面做得好不好。

在詹姆斯·赫斯克特、W. 厄尔·萨塞尔和伦纳德·施莱辛格三人合著的《服务利润链》一书中，作者们强调：无论你从事何种事业，要想确保财源不断，唯一的办法是创造一种能够吸引、指导和留住大批有天赋才干的员工的环境。这是一个令人信服的道理。不过，大街上的经理或许并不需要别人说服。在过去二十年中，大部分经理已经认识到，他们的竞争能力取决于能否物色并留住每个岗位上的顶尖人才。正因为如此，面对当前紧俏的劳动力市场，各公司几乎不择手段地力图阻止员工的眼睛东张西望。

如果你在通用电气公司工作，那你可能就是二十三万个获得公司股票期权的员工之一。在联合信号和星巴克公司，如果员工的母亲需要鲜花，或爱犬需要遛时，公司都能提供相关服务。而在埃迪鲍尔公司，凡因长期伏机工作而腰疼的员工都能享受电动按摩椅的治疗。

但是，凡此种种的优惠真的奏效吗？它们真的只吸引和保留那些最能干的员工吗？还是既网罗能干的员工，又收留那些军队中所谓的"在职退休"的"好汉"？

实际情况是，没有一个人真正知道。这是为什么呢？因为，尽管每一位优秀经理和每一家优秀公司都认识到其重要性，但是他们迄今还没有发明一种办法，来精确测量一位经理或一家公司物色、指导和留住人才的能力。现有的几种测算方法，如员工保留率、招聘时日或旷日持久的员工民意调查等等，都缺乏精确性。这些做法不过是早先在船侧扔圆木测航速的现代翻版。

公司和经理们都知道他们需要帮助。他们所寻找的是一种简单而又精确的测量标尺，在物色和留住有天赋才干的员工方面将公司或经理相互比较。没有这个标尺，许多公司和经理可能会有一种船只搁浅的感觉：虽然目标明确，却没有合适的人来达到目标。

不过，现在舞台上出现了一个需要这一简单的测量标尺的强

第1章
测量的标尺

大群体：机构投资者。

机构投资者——如管理价值达10,000亿美元以上股票的机构投资者理事会（CII）和监管2,600亿美元巨资的加利福尼亚公务员退休管理局——往往能左右商业界。他们走到哪里，别人就跟到哪里。

机构投资者从来就是数字高于一切的人，他们代表众多老谋深算的股民，要求效率和利润。通常他们最关心的是硬性成果，如资产回报和经济附加值等。他们中的绝大多数人不关心诸如"文化"之类的"软"指标。在他们心目中，公司文化所占地位同苏联进行的民意测验一样：表面上不无趣味，但实质上毫无意义。

不过，这只是他们过去的看法。最近，情况大有改变，他们开始密切关注公司如何对待员工。不仅如此，机构投资者理事会和加利福尼亚公务员退休管理局均在华盛顿开会，探讨"建立良好工作环境的经验，以及如何推动他们投资的公司增强员工忠诚度，继而提高生产率"。

为什么他们对此突然产生兴趣了呢？原因在于，他们开始认识到，不论是软件设计师还是送货卡车司机，不论是会计还是旅店清洁工，今天各行各业的工作中最有价值的部分，照托马斯·斯图尔特《知识资本》一书的说法，应是"以人为本的，其内容是感知、判断、创造和建立各种关系"。这就是说，今天，一家公司的大部分价值，就在"公司员工的两耳之间"。而这就是说，当一个员工离开一家公司时，他会把他的价值随身带走，并且往往直接带给竞争对手。

这种情况在今天比以往任何时候都更加明显。如果一家公司在流失员工，那它就是在流失价值。这一发现使得投资家们大为震惊。他们知道，他们现在使用的一些测量标尺远不能测量一家公司的所有价值来源。例如，按照纽约大学斯特恩商学院金融会计学教授巴鲁克·列夫的说法，现在的公司损益表上记录的资产和债务只占其实际市值的60%，而且这种误差呈上升趋势。在20世纪70和80年代，一家公司的市值变化的25%归因于其利润的波动，而根据列夫的说法，这一数字今天已降为10%。

今天，一家公司真实价值的来源已不仅仅是公司赢利和固定资产这两项，这促使各地的统计学家迅速调整，以免落伍。证券交易委员会前专员史蒂夫·沃尔曼如此描述他们的探索：

> 随着形势的发展，财务报表对一家公司的真正价值的测评日趋片面。于是，我们开始降低对它的重视度，转而寻找其他方法，来测评无形指标，如研究与开发、顾客满意度、员工满意度，等等。

环顾四周,公司、经理、机构投资者,甚至证券交易委员会的专员,人们到处都在要求发明一种简单而精确的测量标尺,用来测量不同工作场所的相对优势。盖洛普公司立志做的,就是发明一个标尺。

怎样测量人力资本
——关于测量标尺

一个良好而充满活力的工作场所该是什么样子呢?

从马里兰州大洋城向北几英里,即到达兰克福德—西斯科大楼。当你步入这座大楼时,你不会感到有什么特殊之处。说真的,它多少有些古怪。这里有一种异样的气味———一种生冷食品跟机油混杂的气味。室内布置是这样的:货架一层接一层,一直堆到三重顶棚。货架之间偶见一些装货平台或传送带。在这里,影影绰绰能看到一些身穿极地防寒服的人拖着一些神秘的货箱出入冰库,使你更添不安。

不过,如果你仔细看,就会放下心来。你遇到的员工个个神情专注而愉快。在通往接待处的路上,你会见到一幅巨大的壁画,画的是这里的历史。"这是斯坦利·E. 兰克福德在雇佣第一个员工。这是我们加盖仓库之前的老办公楼……"在接待区的墙上,挂着一些笑容可掬的个人照片，共有几十幅，每一幅下面都写明本人在公司的任职时间和一个数字。

"他们是我们的送货员。"公司总裁弗雷德·兰克福德解释说。"我们把他们的照片挂在这里，是为了让我们在感情上相互贴近，尽管他们每天都在外同顾客打交道。你们在每张照片下面看到的那个数字是他们每人去年一年驾车的里程。我们喜欢公布每个人完成的业绩。"

斯坦利·兰克福德和他的三个儿子（汤姆、弗雷德和吉姆）于1964年创办了兰克福德公司。这是一个家庭企业，从事食品加工和分销。1981年，他们同超大型食品分销公司西斯科合并。合并的一个重要条件是：汤姆、弗雷德和吉姆继续担任总经理。西斯科表示同意。今天，合并各方对这一决定真是再满意不过了。

兰克福德—西斯科公司在增长率、人均销售额、人均利润额和市场份额等方面都居西斯科公司的前25%。他们的员工流动率不到10%，缺勤率为全公司最低，减员基本不存在。最重要的是，兰克福德—西斯科公司在顾客满意度上始终名列前茅。

"你是怎么做的？"你问弗雷德。

他说，其实很简单。他有一套自鸣得意的论功行赏的方案。据此，所有表现都被测量，所有测量结果都张榜公布，并附有相应的偿金。然而，他并没有把这一切看成秘诀。他说，这只不过

第1章
测量的标尺

是一些日常工作：谈论顾客，表彰先进，尊重个人，多听。

他的声音越来越轻，因为他发现，他并没有给出你要找的管理秘诀。

不过，无论他在做什么，就他的员工而言，显然是有效的。叉车司机对你谈起他们各自在"叉送货包最多"和"损坏最少"方面的个人纪录。货车司机眉飞色舞地讲述他们如何把客户急需的番茄酱赶送到餐馆的故事。在公司的每个角落，员工们都在谈论，他们所从事的不起眼的工作对于确保向顾客提供与兰克福德—西斯科公司名声相符的优质服务有多么重要。

这里共有八百四十名员工。他们全都满腔热情地应对各自工作中的挑战。不管你用什么方法测量，马里兰州波克莫克城的兰克福德—西斯科公司都是一个出众的工作场所。

你当然可以举出一些你所熟悉的高效运转的工作场所的例子。在这些地方，员工生产率高，流动率低，忠实客户的数量与日俱增。

参照这些实际事例，你一定会反问自己这样一些问题："良好工作环境的核心是什么？哪些因素只会吸引有才干的员工并留住他们？哪些因素则会吸引所有人，最好的、一般的和'在职退休'的"好汉"们？"

如果有天赋才干的员工都像兰克福德—西斯科公司那样按劳

取酬，那么他们还会关心自己被授予多大权力吗？也许实际情况恰恰相反。一旦他们最基本的收入需求得到满足，或许有天赋才干的员工更在意经理对自己是否信任，而不是薪金和福利的多少。公司修建更漂亮的工作场所和更明亮的餐厅是不是在乱花钱呢？还是有天赋才干的员工把清洁而安全的硬件环境看得比一切都重要呢？

要建立我们的测量标尺，我们必须回答这些问题。

☆　　☆　　☆

过去二十五年中，盖洛普公司采访了一百多万名员工。我们向他们每个人问了数以百计的问题，涉及工作场所的方方面面。正如你所想象的，一亿个问题如同一座由数据堆成的高耸的干草垛。现在，我们必须一根稻草一根稻草地细心筛选，才能找到我们要的那根针。我们必须挑出能真正测量良好工作场所的核心要素的几个问题。

这可不是轻而易举的事。如果你会统计学，你就能对我们的方法猜个大概。这是一种融焦点座谈、因子分析、回归分析、同时效度研究和后续采访等于一体的综合方法（我们的研究方法在附录中有详细阐述）。

如果你觉得统计学莫测高深，下面这个故事也许能帮助你想象我们试图完成的工作。

第1章
测量的标尺

1666年,艾萨克·牛顿拉上了他的剑桥寓所的所有窗帘,端坐在一间黑屋子里。室外,阳光灿烂。室内,艾萨克在一处窗帘上开了一个小孔,并在孔口放置了一个三棱镜。阳光通过小孔,直接照到三棱镜上,并在艾萨克正对面的墙上形成一道美丽的彩虹。看着呈现在自己墙上的色彩斑斓的光谱,艾萨克认识到,棱镜此时已把白色的光进行了分解,使其折射成不同的颜色。他发现:白光实际上是一个由可见光谱上其余各色光——从暗红色一直到紫色——汇聚而成的混合体;而要制造白光,唯一的办法就是将所有这些不同颜色的光聚集在一起,形成单一的光束。

我们希望我们使用的统计分析能够起到与艾萨克的棱镜一样的作用。我们想用统计分析来解剖各类良好的工作场所,揭示其核心奥秘。然后我们就可以对经理们和各家公司说:"如果你们能够把所有这些核心要素集中运用到一个地方,那么,你就将创造出一种能够吸引、指导和留住那些最有天赋才干的员工的工作场所。"

于是,我们对浩瀚的数据进行分析,寻找其中的规律。哪些问题只不过是测量同一个要素的不同方法?哪些是测量一个要素的最好问题?我们对那些所有人都会答"我完全同意!"的问题不感兴趣;也不欣赏每个人都会答"我强烈反对"的问题。相反,我们搜寻的是这样一些特殊的问题:对这些问题,绝大部分敬业的员工,即那些既忠诚又高效的员工,都会作出肯定的回答;而所有其他人,即表现一般的员工和"在职退休"的"好汉"们,则无动于衷,或完全反对。

一些我们原以为十拿九稳的问题,如涉及薪酬和福利的问题,栽倒在分析的利刃之下。而与此同时,一些貌似无关紧要的小问题,如"我知道对我的工作要求吗?"则被推到前台。我们不断删减、筛选、调整和编排,越挖越深,探究一个良好工作场所的核心奥秘。

尘埃落定后,我们获得了一个发现:要测量一个工作场所的优势,可以简化为十二个问题。这十二个问题虽不能覆盖你想了解的关于工作场所的每个方面,但它们却能捕捉绝大部分信息和最重要的信息。这些问题能够用来测量那些吸引、指导和保留最有天赋才干的员工所必需的核心要素。

下面就是这十二个问题:

> 1. 我知道对我的工作要求吗?
> 2. 我有做好我的工作所需要的材料和设备吗?
> 3. 在工作中,我每天都有机会做我最擅长做的事吗?
> 4. 在过去的七天里,我因工作出色而受到表扬吗?

> 5. 我觉得我的主管或同事关心我的个人情况吗?
>
> 6. 工作单位有人鼓励我的发展吗?
>
> 7. 在工作中,我觉得我的意见受到重视吗?
>
> 8. 公司的使命／目标使我觉得我的工作重要吗?
>
> 9. 我的同事们致力于高质量的工作吗?
>
> 10. 我在工作单位有一个最要好的朋友吗?
>
> 11. 在过去的六个月内,工作单位有人和我谈及我的进步吗?
>
> 12. 过去一年里,我在工作中有机会学习和成长吗?

这十二个问题,是测评一个工作场所的优势的最简单和最精确的方法。

我们开始这项研究时,并不知道最后会归结为这十二个问题。但是,当一亿个问题通过我们的"棱镜"折射之后,恰恰就是这十二个问题显示了它们的巨大威力。如果你能创造一种环境,使其中的员工对所有十二个问题都作出肯定的回答,那你就塑造了一个一流的工作场所。

初看起来,这十二个问题似乎十分简单而浅露,但多看几次,就会越看越耐人寻味。

首先，你大概已注意到，许多问题都含有极端用语，如"我在工作单位有一个最要好的朋友"或"在工作中，我每天都有机会做我最擅长做的事"。当问题用这种方式提出时，要回答"非常同意"，或根据5分制答"5"，是相当困难的。而这正是我们的用意所在。我们就是想找到一些能够将效率最高的部门与一般部门相区别的问题。我们发现，如果删去极端用语，所提问题就会失去大部分区分优劣的威力。每个人都会说"非常同意"：明星与群众毫无区别。一个人人都答"非常同意"的问题是疲软无力的。

因此，这个测量工具的大部分威力来自这些问题的措辞。其实，问题的内容本身并无新意。例如，大部分人都知道，良好的相互关系和频繁的表扬是一个健康工作场所的重要特点。可是，人们并不知道如何测量这些特点及其强度。盖洛普公司正是发现了一些可以用来解决这一难点的最好的问题。

其次，你也许会纳闷：为什么没有涉及薪酬、福利、高层管理和组织结构等的问题呢？其实，这些问题在开始的时候都有，只是在分析过程中才逐渐消失的。但这并不是说这些问题不重要，而只是说，这些问题对每个员工——好的，坏的，一般的——都同样重要。是的，如果你付给员工的薪金低于市场平均水平20%，那你可能难以吸引人才。但是，即使你将薪酬和福利提高到市场水平,虽不失为明智的第一步,却不能保证你走远。因为这类问题就像棒球赛的入场券,它们能带你入场,却不能助你取胜。

测量的标尺与经营业绩相关吗
——Q12

盖洛普公司找到了一个测量良好工作场所的方法,而良好的工作场所既能吸引和留住效率最高的员工,又能吓跑那些"在职退休"的"好汉"们。如果这十二个问题真的是一份最佳问卷,那么,给出肯定回答的员工多半是在一些业绩优良的部门工作。而我们在设计测量工具时,希望达到的正是这样的目标。那么,这一切在实践中有没有得到验证呢?

1998年春夏两季,盖洛普公司进行了一次大规模的调查,以图回答这一问题。

我们要求来自十二个不同行业的二十四家公司提供有关四项业绩指标的数据,即生产效率、员工保留率、利润率和顾客满意度。尽管部分公司无法搜集到所有数据,我们最终还是成功地获得了两千五百多个经营单位的资料,用于我们的研究。这里所谓的"经营单位"随行业而各有不同。例如:在银行业指分行,在旅店/餐饮业指旅店或餐馆,在制造业指工厂,等等。

然后,我们走访了在这些分行、餐馆、旅店、工厂和部门工作的员工,请他们根据5分制回答十二个问题,"1"表示"非常不同意","5"表示"非常同意"。共有十万零五千名员工参加答题。

掌握了这些数据,我们万事俱备。我们知道了不同经营单位的生产效率、利润率、员工保留率和顾客评分。而且我们知道了这些经营单位的员工对十二个问题的回答。现在,我们终于能够看出,在这两千五百个经营单位和二十四家公司中,敬业员工是不是真正推动公司业绩的增长。

我们乐观地认为,某种联系会自然浮现;但说句良心话,我们也完全可能一无所获。在员工民意和经营业绩之间存在着某种联系,这似乎不言而喻。毕竟我们大部分人都可能重复过这样一些陈词滥调,例如"员工心情好,效率自然高"或"如果你优待员工,员工自然会优待顾客"等等。然而,当研究人员试图求证这些说法时,却往往劳而无功。事实上,在大部分研究中,你如果试问一百条有关员工民意的问题,然后发现仅有五六条与任何一项业绩指标存在紧密联系,就算非常幸运了。令人沮丧的是,如果你重复研究,你往往会发现,第二次冒出来的却是另外的五六个问题。

我们也知道,在这之前,从来没有人完成过这种跨越众多不

第 1 章
测量的标尺

同类型公司的研究。鉴于这四项业绩指标——生产效率、利润率、员工保留率和顾客服务中的每一项对每家公司都至关重要,并且对一名经理来说,最易奏效的方法是管理好员工,你也许会认为,检测员工民意与这四项业绩指标之间关联的研究必定是汗牛充栋。但实际情况远非如此。你能够发现在一家公司范围之内的研究(其结果实在说不清),但肯定找不到跨越各类公司和行业的研究。令人惊讶的是,盖洛普的研究是调查员工民意与经营业绩之间关联的首例跨行业研究。

这类研究为什么会存在这样一个空白呢?很可能是因为每家公司都有测量同一事物的不同方法。布洛克勃斯特录像租赁公司可能是按照每平方英尺的销售额来测量生产效率。兰克福德—西斯科公司可能是按叉送的货包量和损坏数来计算。沃特迪斯尼公司测评员工保留率时可能只包括全日制员工。马里奥特酒店则可能把全日制和半日制员工都包括在内。当每家公司在测量业绩时各行其道,测定员工民意与经营业绩之间的关联是十分困难的。

所幸的是,我们终于发现了一个解决方法:元分析。什么是元分析?如果详细解释,即使是数字迷也会昏昏欲睡。所以还是说得简单些。这是一种统计技巧,能帮助你撇开不同类型的公司所使用的不同的业绩测量指标,而精确测定员工民意与经营业绩之间的真正联系。

于是，我们把两千五百多个经营单位的业绩数据和十万零五千多名员工的民意数据输入计算机，对元分析公式进行编程，按下启动钮，然后屏息等候。

下面是我们的发现。首先，我们看到，那些对十二个问题作出更多肯定回答的员工所在的经营单位往往在生产效率、利润、员工保留率和顾客满意度等方面水平较高。这首次展示了员工民意与经营单位业绩之间的关联，而且这是跨越众多公司的结果。

其次，元分析表明，员工们不是根据其所在公司，而是根据其所在经营单位来对十二个问题作出不同回答的。这说明，在大部分情况下，员工对十二个问题的看法主要取决于他们的顶头上司——经理，而不是全公司的政策或规定。我们发现，经理——而不是薪酬、福利、补贴或某个有魅力的公司领导——是创建良好工作场所的关键人物。经理是关键。本章稍后我们将详细讨论这一发现。现在，让我们先集中研究我们的第一个发现，即员工民意与经营单位的业绩之间的关联。

员工民意与经营单位业绩之间的关联

如果你感兴趣，你就能在附录中读到对我们的发现及其背后的方法的详尽描述。以下是一些要点：

⊙ 十二个问题中的每个问题至少与四个业绩指标，即生产效率、利润率、员工保留率和顾客满意度中的某一个有联系。大部分问题揭示了与两个或更多业绩指标的联系。这十二个问题的确是抓住了与最佳业绩有关的若干至关重要的员工民意，无论在银行、工厂或其他类型的经营单位，都不例外。我们的测量标尺经受了最严格的检验。

⊙ 如你所料，最一贯的联系是"生产效率"，十二个问题中共有十个问题与此关联。人们始终认为，员工民意与其所在工作班组的生产效率有直接联系。尽管如此，能用数据证实这一理论是令人欣慰的。

⊙ 十二个问题中，有八个问题表明与"利润率"有联系。这说明，那些对这八个问题作出更多肯定回答的员工所在的银行、餐馆、旅店、工厂或其他部门的赢利水平往往较高。对有些人来说，这可能有点出乎意料。毕竟，许多人都相信，利润受制于许多非员工个人所能左右的因素，如定价、竞争定位，或可变成本管理等。不过，对这个问题，你越是多想一想，就越会感到联系的确存在。实际上，一个员工在影响公司利润方面能做的事情是很多的：从随手多关几盏灯，到讲价时不让步，再到避开钱柜的诱惑等。简言之，如果每个员工真正敬业，这类事情就会更加频繁地发生。

⊙ 员工保留率情况如何？相当奇怪的是，十二个问题只有五个问题揭示了与员工保留率的联系：

> 1. 我知道对我的工作要求吗？
> 2. 我有做好我的工作所需要的材料和设备吗？
> 3. 在工作中，我每天都有机会做我最擅长做的事吗？
> 5. 我觉得我的主管或同事关心我的个人情况吗？
> 7. 在工作中，我觉得我的意见受到重视吗？

大部分人会本能地同意这样一种模式化的说法，即："敬业的员工会呆得更久。"但是，我们的研究提醒人们，员工民意与员工保留率之间的关系比这种大而化之的说法更微妙和具体。实际上，与其他问题相比，上述五个问题受员工顶头上司——经理的影响更为直接。这又告诉我们什么呢？它告诉我们，员工之所以离职，不满的是经理，而不是公司。为了保留优秀员工，人们大笔大笔地花钱：加薪、增发补贴、扩大培训，却没有认识到，员工流失的根本原因在于经理。如果你有员工流失的问题，就该首先看看你的经理们。

⊙ 十二个问题中，最有威力的问题是那些与大部分业绩指标有着最紧密联系的问题。基于这一认识，我们现在知道，以下六个问题是最有威力的问题：

> 1. 我知道对我的工作要求吗？
> 2. 我有做好我的工作所需要的材料和设备吗？
> 3. 在工作中，我每天都有机会做我最擅长做的事吗？
> 4. 在过去的七天里，我因工作出色而受到表扬吗？
> 5. 我觉得我的主管或同事关心我的个人情况吗？
> 6. 工作单位有人鼓励我的发展吗？

作为一名经理，如果你想知道要创立一个良好而高效的工作场所应该怎么做，设法使员工们对这六个问题答"5"，便是一个良好的开端。我们一会儿还要回来讨论这些问题。

从员工角度看，经理胜过公司

有一项定期发布的年度研究，题为"员工最乐于供职的一百家公司"，评选标准包括：公司有日托中心吗？公司提供多少假期？公司是否给员工分红？公司是否负责对员工进行培训？等等。通过对众多公司的考核评选，百佳名单便随之产生。

我们的研究表明，这些标准并未切中要害。我们并不否认这些针对员工的举措的重要性。而只想强调，你的顶头上司——经理才是最重要的。

经理决定你的工作环境，并时刻影响这种环境。如果有位经理对你寄以厚望，了解你，信任你，并对你投资，那么，即使公司不安排分红，你也不会在意。反之，如果你与经理的关系出现裂痕，那么无论是按摩椅服务，还是公司代员工遛狗，都无法使你留下来安心工作。与其在一家有着开明的和员工至上的企业文化的公司里跟一个糟糕透顶的经理工作，倒不如在一家有点古板的公司里跟着一位出色的经理创业。

莎伦·F是一名斯坦福大学和哈佛大学的毕业生。一年多前，她离开了美国运通公司。她当时想进入出版界，便加盟一家大型传媒娱乐公司，并在该公司下属的众多期刊之一的市场部任职。她负责设计旨在确保订户续订期刊的订户忠实度计划。她热爱此行，而且表现出色，引起了高级管理层的注意。莎伦是公司这台巨大机器中的一个非常小的齿轮，但公司董事长却说，像她这样聪明、能干而有抱负的员工是"推动公司发展的燃油"。

然而，对这家大公司不幸的是，燃油正在外泄。莎伦仅在一年后就离职了。她现在到了一家新开张的餐馆，任营销和业务开发部主任。看来，还是她的顶头上司赶走了她。

"他不是个坏人。"她承认，"但他不是位好经理。他缺乏安全感，而我不认为，一个缺乏安全感的人能当好经理。这使得他常跟自己的员工较劲。这也使得他总爱吹嘘自己的高档生活，而不听员工的意见。他就是这样愚蠢地玩弄自己手中的权力，让我们看清谁是老板。就说上个星期吧，他由于头一天晚上在外面呆得太久，耽误了预先约好上午10点对一名求职者的面试，而后者是从远处乘了整整两小时车专程来会他的。他9点55分打电话给我，要我向来人说明情况；而且做出恭维我的样子：他是真心信任我，要我替他去补台的。我实在无法忍受这种行为。"

当你听莎伦谈话时，也许很想知道，这是不是由于两人性格不合，甚至可能是莎伦的过错。于是你问她："你们班组其他人也有同感吗？"

"我说不准。"她坦率地承认，"我不喜欢背后说我老板的坏话，所以没有跟任何同事认真谈论此事。但是，我知道的事实是：我刚来时，老板手下一共是十三人，而现在，一年以后，除我之外，全都离开了。"

就其整体业绩和善待员工的企业文化而言，莎伦所在的公司都做得相当不错。但是，在这家大公司的内部，在高层领导或华尔街的视线之外，却有这样一个人在整天瓦解公司的实力和价值。正像莎伦所说，他并不是一个坏人，却是一名坏经理。由于角色严重错位，他天天做的事情就是一个接一个地赶走有天赋才干的员工。

也许他是一个例外。要不就是这家大公司习惯于把一些有天赋才干和成就,却不会当经理的人提拔到经理岗位上。当然,这家公司希望情况属于前者。但是,莎伦并不关心究竟是前者还是后者。当她通知公司她准备辞职时,他们马上给她加薪和提职,试图哄她留下。但是他们没有给她最希望得到的东西:一位新经理。所以最后她还是走了。

一名员工选择加盟迪斯尼、通用电气或时代华纳等公司,可能是因为这些公司优厚的待遇和善待员工的声誉吸引了他。可是,真正决定他在公司能呆多久和效率有多高的则是他的顶头上司——经理。无论他们多么用心良苦,迈克尔·艾斯纳[1]、杰克·韦尔奇[2]和杰拉尔德·莱文[3]能做的就是这么多。最后,这些问题告诉我们,从员工的角度看,经理肯定胜过公司。

与华尔街和商业新闻界不同,员工们不信什么"伟大的公司"或"伟大的领袖"一类的神话。员工们面对的只是经理:优秀的,糟糕的,还有许多中不溜的。任何一名领导要把公司办成一流,能做的最有价值的事情恐怕是以下两条:第一,要求每个经理对

---

1 迈克尔·艾斯纳(Michael Eisner):迪斯尼公司董事长和CEO。(译者注)
2 杰克·韦尔奇(Jack Welch):GE公司董事长和CEO。(译者注)
3 杰拉尔德·莱文(Gerald Levin):AOL华纳公司董事长。(译者注)

其员工如何回答这十二个问题负责；第二，帮助每个经理了解，为了使员工作出"非常同意"的回答，自己该怎么做。

下面各章所阐述的，就是世界优秀经理在这方面的各自的做法。

不过，我们还是先来看一个典型事例，并思考：所有这些发现对于一家公司和一名经理究竟意义何在？

这些发现对公司究竟意义何在
——一个典型案例

1997年冬，盖洛普公司应一家经营得非常成功的零售商要求，测量该公司在工作环境上的优势。他们雇有三万七千名员工，分布在三百个商店，平均每店一百人。所有这些商店的设计和建筑风格相同，从而使顾客的购物经历保持一致。举凡店房结构、室内布局、产品放置、色彩搭配等各个细节，都经过精心安排；这样，亚特兰大的分店与凤凰城的分店就具有相同的品牌特色。

我们问每个员工十二个问题，全公司78%以上的人作了回答，共两万八千人。然后我们看每个分店的具体得分。下表提供这次测试的一个结果：得分位于同一测量工具两端的两家分店的差异

	A店 答5者占比（%）	B店 答5者占比（%）
知道对我的工作要求	69	41
材料和设备	45	11
每天做我最擅长做的事	55	19
过去七天受表扬	42	20
主管／同事关心	51	17
鼓励发展	50	18
过去六个月的进步	48	22
我的意见受重视	36	9
公司的使命和目标	40	16
同事们致力于高质量工作	34	20
最要好的朋友	33	10
有机会学习和成长	44	24

令人吃惊（按5分制计分，"1"表示非常不同意，"5"表示非常同意。右侧两列数码代表答"5"的员工所占百分比）。（两店对比表见下页。）无论公司总部如何为员工着想，但各分销店在传达和落实总部方针上却是千差万别。A店为员工所创造的工作环境肯定比B店好得多。

以人际关系上的差别为例。在A店，51%的员工说，他们觉得个人受到关心；而在B店，只有17%。鉴于当今商界瞬息万变，一家公司所能拥有的最有价值的商品之一就是员工的"大度"。

如果员工愿意给予公司这种大度，他们就会配合公司的每一个新举措，使其有望通过努力而获得成功，而无论这一举措有多么敏感和多大争议。A店就拥有这一宝贵商品，相信员工一旦开始行动，他们的经理就会站出来支持他们。B店则没有这样的优越条件。由于经理与员工之间缺少一种真诚的纽带，任何新的举措，无论用意多么良好，都会遭到怀疑。

个人的业绩又如何呢？在A店，55%的员工说，他们每天都有机会做他们最擅长做的事。而在B店，只有19%的人对此答"5"。那么，在人均生产率、员工保留率和员工索赔等方面，两家店的差别就可想而知了。

环顾四周，差别比比皆是。

"你的意见受到重视吗？"A店36%的员工答"5"，B店仅9%。

"你在工作中有一个最要好的朋友吗？"A店33%的员工答"5"，B店仅10%。

也许最离奇的差异在第二题。在A店，45%的员工确信他们有做好工作所需要的材料与设备。可在B店，只有11%对此答"5"。这实在匪夷所思，因为A店与B店所拥有的材料和设备是完全一样的；但两店员工对此的感受却截然不同。这里的一切，包括硬件环境，都打上了经理的印记。

这家公司不是只有一种文化，而是有多少个经理就有多少种文化。不管公司本意如何，每家分店的文化均由当地经理或主管所独创。有些分店的文化是脆弱的，由于相互猜疑而造成混乱。而另一些分店的文化则十分健康，能吸引和留住有才干的员工。

对这家公司的领导来说，五花八门的结果实际上是件好事。诚然，他们如果仅看消极面，就会发现，有些事情公司总部是管不到的。于是，在全公司建立良好文化的根本挑战，就在于如何大批复制。

然而，从积极方面看，这些结果表明，这家公司实在是很幸运。它拥有一批堪称表率的经理。他们靠激发员工的才干和热情，把生意做得红红火火。如此，这家公司为了吸引高效的员工，就不必刻意寻找高层解决的神奇方案，而只需了解公司内部众多优秀经理的事迹，并以此为蓝本来建立全公司的文化。他们可以雇请更多与公司现有明星员工相似的人。他们可以总结公司明星的好点子，在全公司推广。他们还可以按照明星经理的实际做法，重新设计培训方案。为了建立更强的文化，这家公司不必向迪斯尼、西南航空或里茨卡尔顿酒店这样的"明星"企业取经，而只需向他们自己的明星员工学习。

"如果他们真的都向自己的明星员工学习，情况会怎样呢？"有人可能会问。"是不是对十二个问题的5分回答多，业绩水平就

第1章
测量的标尺

高呢？"A店果真在传统业绩指标，如销售额、赢利或员工保留率方面比B店做得好吗？

从整体的调查结果来看，回答是肯定的：那些有大批员工对十二个问题作出肯定回答的工作场所肯定是工作效率较高。不过，这样的回答未免过于笼统。像你一样，我们也想知道得更具体些。于是我们要求公司提供测量分店经营效率的原始数据。我们将这些数据输入计算机，然后把它们与每家分店的十二个问题得分相比较。以下是我们的发现：

⊙ 员工民意调查得分最高的25%的分店年均销售额超过销售目标4.56%；而得分最低的25%的分店，则低于目标0.84%。若按现金计算，这两组商店的年销售额相差高达1.04亿美元。这笔收入如能实现，将使公司的销售总额增加2.6%。

⊙ 从盈亏对比看，结果更让人瞠目。调查得分最高的25%的分店年终赢利几乎超过利润目标14%；而得分最低的那组分店则欠收整整30%。

⊙ 两组分店的员工周转率同样大相径庭。高分组的每家分店平均每年比低分组的每家分店多留住十二人以上。如果把两组的人数相加计算，则25%的高分店比25%的低分店多留住一千多名员工。假设员工的人均工资为18,000美元，而物色、雇佣和培训一名新员工所需费用为其薪金的1.5倍，那么，这两组分店在员

063

工保留率上的巨大差异将耗费公司18,000 × 1.5 × 1,000=27,000,000美元。而这只是硬性费用。一些同客户和同事相处融洽、经验丰富员工的流失，更是一种难以计量的重大损失。

上述结论可谓触目惊心。在这家公司里，凡是员工对十二个问题作出肯定回答的经营单位，其效益明显优越。优秀的一线经理激励员工敬业，而敬业员工成为取得最佳业绩的可靠基础。

任何测量标尺，只要不是滥竽充数，不仅能告诉你所在位置，而且能帮你决定下一步行动。那么，一名经理，任何一名经理，怎样才能使他的员工对这十二个问题答"5"，继而变得敬业呢？

首先，你必须知道从哪里开始。盖洛普公司的研究结果说明，十二个问题中的一些问题比另一些问题更有威力。这就告诉你，作为一名经理，你在处理这十二个问题时，应当遵循正确的顺序。如果忽略主要问题，那你在次要问题上花功夫再多也将无济于事。实际上，正像许多经理所发现的，逆向处理十二个问题往往既诱人，又危险。

我们将说明，为什么会这样。我们还将使用对比的方法，说明那些世界顶级经理如何为建立一个高效率的工作场所而打好基础。

第 1 章
测量的标尺

为什么 Q12 有先后顺序
——分阶段攀登高山

为了说明十二个问题的顺序，我们请你想象一座大山。一开始，山的形状和颜色模糊不清；随着你逐步接近，它的颜色会由蓝变灰，继而变绿。你现在来到了山脚下，感觉到了它的存在。你知道下一步就该攀登了。你知道攀登会遇到各种情况：山路时而陡峭，时而平缓。你知道有不少沟壑要跨越，而这些地形将迫使你在继续攀登前先下到坡底。你也知道前面的艰难险阻——严寒、雾障，还有险中之险——你自身的脆弱意识。但你随后想到顶峰和登顶的感受。于是你开始攀登。

你了解这座山。我们都了解。这是你从接受一个新的职位到完全胜任的心理攀登过程。所谓站在山脚下，是指你在加盟一家公司，或者你在现公司刚被提升到一个新的职位。不管是哪种情况，你都站在一段漫长攀登的起点上。

当你登上山顶时，你职位未变——登山并不代表职位提升——但你在现有职位上既忠于职守，又业绩斐然。如果你是一名机械师，你就会用心把自己日常学得的一些小诀窍写成操作手册送给学艺的徒工。如果你是一名食品店店员，你就会告诉顾客，柚子在5号通道，并陪她到那里，而且对她解释：柚子进货时通常是从后往前堆放的。"如果你喜欢生一些的,就从前面挑。"如果你是一名经理,你就会无比热爱本职工作,以至于当别人要你描述如何帮助众多员工成功时,你会激动得热泪盈眶。

无论你担任什么职务,当你到达山顶时,你肯定是做得很出色的。你了解你的工作的基本目的。你总是在寻找更好的方式去完成使命。你是充分敬业的。你是如何到达山顶的?

如果一名经理能够回答这一问题,他就一定知道如何带领其他员工一同前进。他也一定能够帮助越来越多的人到达山顶。在他的帮助和带领下,一个接一个爬上山顶的人越多,他们的工作环境就越优越。那么,你究竟如何到达目的地呢?你究竟是怎样攀登的呢?

请你先从员工的角度想一想。这可能只是人们心理上的一座山。但是,正如爬一座真山一样,你必须分阶段来攀登。按照正确的顺序看下去,十二个问题就能告诉你每个阶段的特征,以及你必须满足哪些要求,才能转而攀登下一个阶段。

在我们描述每个攀登阶段之前,先回顾一下你在接手现职时曾有过什么需求。你曾希望从这个职位获得什么?当时你心目中最迫切的需求是什么?接着,过了一段时间以后,你的地位已经牢固,你的需求有什么变化?时至今日,你的重点目标是什么?你从今天的职位上想得到什么?

在我们讲述攀登的各阶段时,务必牢记上述各点。

大本营:"我的获取"

当你接手一个新职位时,你的需求是最基本的。你想知道公司对你有什么要求。你将挣多少钱?你上下班的路途有多长?你将会有一间办公室、一张写字台甚至一部电话吗?在这一阶段,你一直在想的问题是,从这个职位"我能得到什么?"

在十二个问题中,以下两个基本问题测量大本营:

> 1. 我知道对我的工作要求吗?
> 2. 我有做好我的工作所需要的材料和设备吗?

一号营地:"我的奉献"

你已爬到一定的高度。你的视角在发生变化。于是你开始提出不同的问题。你想知道自己是否称职。你在目前的岗位上干得好吗?别人认为你很优秀吗?如果不是,那他们又是怎样看你呢?他们会帮助你吗?在这一阶段,你的问题集中在"我能给予什么?"你所特别关心的是你的个人贡献和别人对此的看法。

以下四个问题测量一号营地:

> 3. 我每天都有机会做我最擅长做的事吗？
> 4. 在过去的七天里，我因工作出色而受到表扬吗？
> 5. 我觉得我的主管或同事关心我的个人情况吗？
> 6. 工作单位有人鼓励我的发展吗？

以上每个问题不仅能帮助你了解你是否觉得自己胜任现职（问题3），而且能帮助你了解别人是否看重你的个人业绩（问题4），是否看重你的个人价值（问题5），是否打算对你的发展投资（问题6）。所有这些问题关注的焦点是你个人的自尊心和价值。如果这四个问题得不到回答，那你的个人归属感、成为团队一员的希望、获得学习机会和投身革新等想法就都会落空。

二号营地："我的归属"

你继续攀登。至此，你已经对自己和别人提出了一些疑难问题；但愿针对这些问题的答案能给你力量。你的眼界在拓宽。你环顾四周，问道："我属于这里吗？"你也许是一个服务至上的人——其他人是不是都像你一样，整天为客户操忙呢？也许你的独到之处是无穷的创造力——你身边的人是不是都像你一样锐意创新呢？不管你有什么样的价值观，你在攀登这一阶段真正想知道的，是你自己是否适应周围的环境。

以下四个问题测量二号营地：

> 7. 在工作中，我觉得我的意见受到重视吗？
> 8. 公司的使命使我觉得我的工作重要吗？
> 9. 我的同事们致力于高质量的工作吗？
> 10. 我在工作单位有一个最要好的朋友吗？

三号营地："共同成长"

这是攀登的最高阶段。到达这一阶段，你急于看到每个人都有所提高。所以你问道："我们如何共同成长？"你想把事情做得更好，你想学习，进步，革新。这一阶段告诉我们，唯有爬上山并经历了前面三个阶段以后，你才能卓有成效地进行革新。为什么呢？因为"发明"和"革新"是有区别的。发明不过是一种标新立异——如同多数人，你可能在接手一个新的职位后几个星期里就发明十七种办事的新方法。可是，这些点子本身并没有什么分量。相比之下，革新却是一种能够应用于实际的标新立异。而要进行革新，并把这些新点子用于实际，你就必须关注正确的期待（大本营），你就必须对自己的专长充满信心（一号营地），你还必须对你周围的人是否接受你的新点子做到心中有数（二号营地）。如果你对上述所有问题不能作出肯定回答，那你就会发现，要把你所有的新点子用于实际几乎是不可能的。

以下两个问题测量三号营地：

> 11. 在过去的六个月内，有人和我谈及我的进步吗？
> 12. 过去一年里，我在工作中有机会学习和成长吗？

山顶

如果你对所有这十二个问题都能作出肯定的回答，你就到达山顶了。你目的明确，有一种持久的成就感。你的一招鲜天天有用，天天出彩。你环顾四周，目睹别人像你一样，奋起迎接各自工作的挑战。你们这些登山队员相互理解，有着共同目标，关注和期待着即将到来的挑战。要长期呆在山顶是不容易的。因为你脚下的土地不时变动，强风从四面八方持续袭来。不过，你只要呆在山顶，自然会有一种特殊的感受。

如果这是你从接手现职到全力投入工作这段时间内所完成（或未完成）的一次心理攀登，那么你现在究竟处于什么位置呢？

一号营地？三号营地？还是山顶？

问问你自己这十二个问题。你的回答就会告诉你在登山途中

第1章
测量的标尺

所处的位置。也许你的公司目前正处于变动时期，而你正垂头丧气地呆在大本营里。变动的确使人打不起精神。尽管你自己很想有所作为，但不明朗的前景会让你无精打采。（"别告诉我将来会多么美好，只告诉我今天要我做什么。"）

也许你刚刚被提升——你任原职时，曾觉得自己高居山顶，可现在你又退回大本营，无论是工作要求还是管你的经理都已改变。（"我想知道他对我印象如何。我还想知道他如何界定成功。"）是的，甚至就在你碰上美事时，你也会很快觉得自己来到另一座大山脚下，一段漫长的攀登旅途正在前面等着你。

当然，向山顶攀登的实际过程比上述图景更为复杂。人们不仅会将各个阶段相互调换，而且不同的人会赋予攀登的各个阶段略微不同的价值。例如，你之所以接受现在这个职位，可能是因为它为你提供了学习和成长的机会——这在某种意义上可以说，你是一下子飞到了三号营地。如果这些较高层次的需求得到了满足，那你大概就会更加耐心地等待你的经理讲明他对你的要求（↓大本营）。同样，如果你感到自己与班组成员的关系密切（↑二号营地），那你可能会在班组中呆得更久，即使你感到现有职位并不能使你人尽其才（↓一号营地）。

然而，此类个人的调换并不否定登山的基本道理——无论你对二号营地或三号营地的问题答得多么肯定，较低层面的需求越是久拖不决，你就越可能心灰意懒，效率低下，以至于离职而去。

实际上，如果你对二号营地和三号营地的问题都能作出肯定的回答，但对较低层面的问题却作出否定的回答，你必须十分小心。你的处境岌岌可危。表面看，一切如常——你喜欢你的队友（↑二号营地），你在学习和进步（↑三号营地）——但内心深处你已松懈。你不仅无法实现自身潜力，而且一有机会就会跳槽。

我们可以给这种症状起一个名字：高山病。

在现实生活中，高山病由高海拔缺氧引起。由于缺氧，你心跳加速。你感到气短、目眩。如果你此时不马上下山，你就会肺积水，然后死亡。高山病是骗不过去的。没有疫苗，也没有解药。唯一的对策是下山，给你的身体充分的适应时间。

初出茅庐的登山者可能建议，如果你有的是钱，却没有太多时间，你就可以坐直升飞机直达三号营地，然后冲击顶峰。但是有经验的登山者知道你这样做必败无疑。高山病将耗尽你的体力，使你举步维艰。这些向导会告诉你，要到达顶峰，你必须先交学费。在登高过程中，你必须在大本营和一号营地之间多作停留。你在低处时间越长，你在空气稀薄的顶峰就越有精力。

在心理世界里，他们的忠告同样适用。大本营和一号营地是基础。花时间关注这些需求，寻找一个能满足这些需求的经理，这样你就有足够的体力来完成长途攀登。如果忽视这些需求你就可能心灰意懒。

一种流行性高山病

现在再把你的经理帽子戴上。

上面我们用登山的比喻揭示了如下真理：要建立一个良好而充满活力的工作场所，关键在于满足员工在大本营和一号营地阶段的各种要求。这也正是你应当集中投入时间和精力的地方。如果员工们较低层面的需求长期得不到解决，那么你此后为他们做的所有事都将毫无意义。反之，如果你能成功满足这些需求，那么，其余问题——团队建设和革新措施——就会迎刃而解。

这些道理似乎不言而喻。但是，在过去十五年中，大部分经理往往关注登山的高级阶段——使命声明，多样性培训，自我管理的班组——所有这些做法均在帮助员工获得一种归属感（二号营地）。全面质量管理，程序再造，连续改进，学习组织——所有这些做法均在鼓励员工天天创新，挑战和重塑常规（三号营地）。

所有这些举措都经过精心设计。其中许多项目也曾成功实施。可是，时至今日，它们几乎全都枯萎了。五年前，鲍德里奇质量奖是美国最令人垂涎的商业奖，而今天，只有少数几家公司把它当回事。研究多样性的专家们现在正为"多样性"的准确定义而争吵不休。而那些程序再造的权威们则力促人们重归程序。至于所谓的使命声明，我们许多人如今已对它不屑一顾了。

想想以上情况，真令人伤心不已。虽然这些举措不无亮点，但都是昙花一现。

这是为什么呢？因为有一种流行性高山病在作怪。这些登山者定的目标太高，太急于求成。

不少经理乐于把时间和精力花在程序再造或学习组织等复杂举措上，却忽视打基础。登山的不同阶段的情况告诉我们：如果员工们不知道对他们个人有什么要求（大本营），那你就不应急于鼓励他们在班组发挥积极作用（二号营地）。如果员工感到自己的工作定位不当（一号营地），那你就不应去迎合他，夸耀他的革新思想对公司程序再造有多么重要（三号营地）。如果他不知道经理对他个人看法如何（一号营地），那你就不应强求他加入新的"学习组织"（三号营地），使他感到迷惑。

不要坐直升机一步登高一万七千英尺，因为你和你的同事们迟早会死在山上。

优秀经理的关注点

优秀经理们把目标选在大本营和一号营地。他们懂得，要建立一个良好而充满活力的工作场所，必须关注前六个问题。

> 1. 我知道对我的工作要求吗？
> 2. 我有做好我的工作所需要的材料和设备吗？
> 3. 在工作中，我每天都有机会做我最擅长做的事吗？
> 4. 在过去的七天里，我因工作出色而受到表扬吗？
> 5. 我觉得我的主管或同事关心我的个人情况吗？
> 6. 工作单位有人鼓励我的发展吗？

保证在上述六个问题上都得5分是你最重要的职责之一。正如许多经理所发现，要使员工都答5分，远非易事。例如，一个在员工面前大讲他们都该提升，借以讨好他们的经理，可能在"工作单位有人鼓励我的发展吗？"的问题上得5分。可是，由于所有的员工现在都觉得自己定位不当，这个经理在"在工作中，我每天都有机会做我最擅长做的事吗？"的问题上只能得1分。

与此类似，一个想通过制定繁文缛节来控制员工行为的经理将在"我知道对我的工作要求吗？"的问题上得5分。可是，由于他这种僵硬的警察式的管理作风，他在"我觉得我的主管或同事关心我的个人情况吗？"的问题上可能只得1分。

要确保在所有这些问题上都得5分，你就必须对那些初看起来相互矛盾的责任加以调和。你必须对所有员工提出一致的要求，同时对每个人区别对待。你必须既使每个人感到在各自岗位上能发挥自身才干，又激励他进步和成长。你必须既关心和赞扬每个人，又能在必要时及时辞退你曾关心和赞扬过的人。

F. 斯科特·菲茨杰拉德认为，"对一流智力的测试，在于能否既保持两种相互对立的想法，又正常处事"。从这个意义上讲，优秀经理们都具有一种特殊的智力。在以下各章，我们将描述这种智力。我们将帮助你了解那些世界级的优秀经理们的各种观点，看看他们如何平衡其相互冲突的职责。我们将向你介绍，他们是如何物色、指导和培养如此众多有才干的员工，而且做得卓有成效。

第2章
优秀经理的智慧

First,
Break All the Rules

- 盖洛普采访了什么人
- 优秀经理所共有的革命性的真知灼见是什么
- 优秀经理的四大基本职责是什么
- 优秀经理是怎样做的

盖洛普采访了什么人
——探寻成功赢得员工的真谛

世界上的顶级经理们是怎样为建立良好的工作环境而打好基础的呢？对此问题的答案如潮水般涌来，令头脑最清醒的经理们也难以招架。1975年，探讨管理和领导术的书共出版了二百本。而到了1997年，这个数字翻了三番。事实上，过去二十年中，著作家们为了发掘管理和领导艺术的奥秘而兜售的五花八门的关于体系、语言、原理和范例的书竟高达九千多种。

这些相互冲突、望文生义和道听途说的高论排山倒海，来势汹汹，却少有真知灼见。它们既含混又烦琐。即使一些最有说服力的建议也难免挂一漏万。我们所看到的，是连篇累牍的个案研究和个人成功之道，但鲜有量化研究，更没有测量标准。没有人采访过世界顶级经理,并把他们的回答与一般经理进行系统比较。没有人让顶级经理作自我界定。没有人去寻根求源。于是,盖洛普做了这件事。

我们的第二项研究与第一项是密切相联的。在前一章中,我们描述了敬业员工与经营单位业绩指标之间的联系,并揭示了经理时时处处所起的关键作用。在这一章,我们试图进入世界优秀经理的内心深处,了解他们是如何成功赢得员工的真心、思想和才干的。

这些年来,我们不断要求我们的客户推荐他们的优秀经理接受我们的采访。要识别优秀人物并非易事。所以我们一开始往往提出这样的问题:"在你的经理中,哪些人是你最希望克隆的?"在一些公司里,这是唯一可行的衡量标准。但在绝大多数公司里,衡量标准主要是反映公司业绩的数据:反映生产效率和利润的数据;反映损耗、旷工和事故的数据;还有,也许是最重要的,反映客户和员工民意的数据。根据这些数据,我们终于得以从人群中挑选出优秀经理。

我们采访了饭店主管,销售经理,总代理,高级财务主管,制造班组长,专业运动教练,酒吧经理,公立学校校长,军队中的上尉、少校和上校,甚至一些经过挑选的牧师和教士。我们一共采访了八万名经理。

我们对每位优秀经理的采访时间约一个半小时，使用开放题，例如：

⊙ "一个人自行其是，锋芒毕露，销售额高达120万美元；另一人温文尔雅，人见人爱，但销售额仅为前者一半。作为经理，你更喜欢要谁？为什么？"

⊙ "你有一名员工，效率极高，但文件管理一团糟。你如何帮助他/她进一步提高效率？"

⊙ "你有两名经理，一名具有超一流的管理才干；另一名属平庸之辈。现在有两个部门职位空缺，一个高效率，另一个在挣扎。两个部门均有潜力可挖。你会如何分派那名优秀经理？为什么？"

（你可以在附录B中见到优秀经理们对这些问题的回答。）

对上述问题及类似数百个问题的回答全部被录音，整理成文字，反复研读。此后，我们用相同的问题，采访了优秀经理的平庸同事们。这些经理既不算落后，也不超群。他们是一批"中不溜的经理"。他们的回答也被录音，整理成文字，反复研读。

然后，我们对这些不同回答进行比较。我们听了长达十二万个小时的录音。我们梳理了多达五百万页的书面材料。我们从中寻找模式。优秀经理的共同之处何在？究竟是什么使他们有别于其业绩平平的同事？

得出的结果是,这些优秀经理的共同之处比你想象的要少得多。如果你让他们背靠墙站成一排,那你就会看到他们在性别、种族、年龄和体格上各有不同。你如果为他们工作,就会发现他们各有其激励、指导和建立关系的不同风格。实际情况是,他们之间根本就没多少相似之处。

不过,如果深入这些五光十色的风格内部,我们就会发现,在所有这些经理身上,有一种万变不离其宗的领悟,一种众人共享的智慧。

优秀经理所共有的
革命性的真知灼见是什么
——优秀经理应该知道的

有一则古老的寓言,可以说明他们所共有的这种真知灼见。

从前,有一个地方住着一只蝎子和一只青蛙。

蝎子想过池塘,但不会游泳。于是,它爬到青蛙面前央求道:"劳驾,青蛙先生,你能驮着我过池塘吗?"

"我当然能。"青蛙回答,"但在目前情况下,我必须拒绝,因为你可能在我游泳时蜇我。""可我为什么要这样做呢?"蝎子反问。"蜇你对我毫无好处,因为你死了我就会淹死。"

首先，Break All the Rules
First, 打破一切常规

青蛙虽然知道蝎子是多么狠毒，但又觉得它说的也有道理。青蛙想，也许蝎子这一次会收起毒刺，于是就同意了。蝎子爬到青蛙背上，它俩开始横渡池塘。就在它们游到池塘中央时，蝎子突然弯起尾巴蜇了青蛙一口。伤势垂危的青蛙大喊道："你为什么要蜇我呢？蜇我对你毫无好处，因为我死了你就会淹死。"

"我知道。"蝎子一面下沉一面说，"但我是蝎子，我必须蜇你。这是我的天性。"

传统智慧鼓励你像青蛙一样思维。它对你耳语，人的天性是可以改变的。任何一个人，只要下功夫，想干什么就能干成什么。作为一名经理，你的天职就是促成这种改变。你要制定一套规章制度来控制员工的不良倾向。你要教会他们各种技能，以弥补他们的欠缺。作为一名经理，你应全力以赴地抹杀或修正天性。

优秀经理们对此断然摒弃。他们铭记在心的，恰恰是青蛙所忘掉的：每个人都像蝎子一样本性难移。他们认识到，每个人各有自己的动机，以及独特的思维方式和交往风格。他们知道，改造一个人是有限度的。但是，他们并不为这些差异而悲哀，也不试图消除它们，而是加以利用。他们力图帮助每个人在其独特天性的基础上持续进步。

简单地说，以下是成千上万的优秀经理一致认可的真知灼见：

第 2 章
优秀经理的智慧

> 人是不会改变的。
>
> 不要为弥补欠缺而枉费心机,
>
> 而应多多发挥现有优势,
>
> 做到这一点已经不容易了。

这一真知灼见是优秀经理们的智慧源泉。它可以解释他们对员工的所有做法。它是他们作为经理而取得成功的基础。

这种真知灼见是革命性的。它说明为什么优秀经理不相信每个人都有无限的潜力,为什么他们不去帮助员工修补各自的弱点,为什么他们要对每个员工打破"金科玉律",以及为什么他们有所偏爱。一句话,它说明为什么优秀经理们要打破传统智慧的所有常规。

虽然听起来简单,但这是一种复杂而精妙的真知灼见。如果你在运用它时不作深入思考,那你很快就可能作出错误判断,以为经理不必理会员工的弱点,而一切培训都是浪费时间。可这两点认识全都不对。一如所有革命性的深刻道理,这一真知灼见也需要有所解释:优秀经理们是怎样运用它的?它对员工们有什么要求?它对公司意味着什么?

在以下各章,我们将回答上述问题。不过,在回答之前,我们对一名经理（任何经理）的实际职责必须达成共识。他们在公司中的特殊职能是什么？他们起什么作用？

优秀经理的四大基本职责是什么
——优秀经理应该做的

托尼·F是一家大型娱乐集团的高级主管，他像许多人一样抱怨："一些精通业务的机灵鬼一个接一个被提升为经理，却对经理的职责一窍不通，更不具备当经理的才能。我们把他们送进领导术培训班，但他们回来后津津乐道的是当上小主管后的地位的提升，而对如何当一名优秀经理的日常挑战却无动于衷。现在，没有一个人知道当一名称职的经理是怎么回事。"

可能托尼是对的。现在，再没有人知道当一名称职的经理是怎么回事。更有甚者，谁也不在乎。传统智慧告诉我们，经理的作用不再重要。显然，经理现在已成为速度、灵活和机敏的障碍。今天，麻利的公司已雇不起大批经理来处理文件、签署批文和监测绩效。他们需要的是能够自主、自励和自我管理的工作班组。难怪，当重组革命到来时，首先被开刀的就是一线经理。

此外，传统智慧还断言，每个"经理"都应当是"领导"。他必须抓住机会，左右逢源，分秒必争，力求在多变的世界里实现自身意愿。而在这样的世界里，按部就班的小经理是一个不合时宜的人。这个世界对于他来说节奏太快，太生猛，也太危险。他最好避而远之，以免受伤害。

传统智慧把我们大家都引入歧途。诚然，如今商业压力巨大，瞬息万变，公司需要自主的员工和敢作敢为的领导，但是，这一切并不能降低经理的重要性。相反，在变幻无穷的动荡年代，经理比任何时期都更重要。

为什么？因为经理起到一种既至关重要又界限分明的作用，一种魅力领导和自我管理的班组所无法起到的作用。经理的作用在于深入员工的内心，释放其独特才干，继而创造优秀业绩。发挥这种作用的最好方式是一对一，即：一名经理问一个员工问题，倾听他的意见，做他的工作。这种一对一的工作放大一千倍，就是公司的实力所在。在日新月异的变革时代，正是这种工作使公司健康强壮——既能在必要时保持专注，又能足够灵活而不致夭折。

在这个意义上，经理的作用如同"催化剂"。一如所有的催化剂，经理的职能就是加速两种物质之间的反应，从而创造预期的最终产品。具体说，经理通过加速员工才干与公司目标之间，以及员工才干与客户需要之间的反应，来帮助每个员工创造业绩。当数以百计的经理都能一对一地充分发挥这种作用时，公司就会变得坚强有力。

毫无疑问，在经过消肿的当今商业界，这些经理大多还肩负另一些责任：人们期待他们成为本行的专家，成为个人明星，甚至自主的领导者。这些都是十分重要的角色，而优秀经理们在发挥这些作用时，各有其独特风格，其成功程度也各不相同。但是，谈及当好经理应负的责任，所有优秀经理都应发挥上述"催化剂"的作用。

让我们回顾一下测量大本营和一号营地的六个问题：

> 1. 我知道对我的工作要求吗？
> 2. 我有做好我的工作所需要的材料和设备吗？
> 3. 在工作中，我每天都有机会做我最擅长做的事吗？
> 4. 在过去的七天里，我因工作出色而受到表扬吗？
> 5. 我觉得我的主管或同事关心我的个人情况吗？
> 6. 工作单位有人鼓励我的发展吗？

这些问题提供了催化剂作用的具体内容。一名经理为确保自己的员工对上述问题作出肯定回答，必须把以下四件事做得非常漂亮：选拔人、提出要求、激励他、培养他。这四件事是经理的首要职责。即使你有空前绝后的远见、魅力和智慧，如果你不能

第 2 章
优秀经理的智慧

做好这四件事,那你决不会成为一名优秀经理。

第一,要确保"在工作中,我每天都有机会做我最擅长做的事吗?"获得"非常同意"的回答,你必须知道怎样选拔人。这听起来简单,但要做好它,则需要非常清晰的思路。最重要的是,你必须知道你究竟能使一个人改变多少。你必须知道才干、技能和知识三者之间的区别。你必须知道这三者中,哪些是可以教会的,哪些是先天的。你必须知道如何提问,才能透过一名求职者自我表现的欲望,揭示其真实才干。如果你不懂得怎样做这些事,那你作为一名经理就会一筹莫展。一旦员工挑选不当,无论你如何激励和培养,只会事倍功半。

第二,如果你希望"我知道对我的工作要求吗?"和"我有做好我的工作所需要的材料和设备吗?"获得"非常同意"的回答,你就必须善于确定精确的业绩目标。你必须善于使员工专注于当前的业绩,而不受外部五彩缤纷的变化诱惑。你必须知道,一项工作中哪些部分要求员工步调一致,哪些部分则鼓励他们各显神通。你必须善于在两种需求间寻求平衡,即一方面是标准和效率,另一方面是突破和创新。如果你不会确定这样的业绩目标,你将永远失衡,在两个极端之间危险地摇摆不定:不是管头管脚,就是放任自流。

第三,"在过去的七天里,我因工作出色而受到表扬吗?"

和"我觉得我的主管或同事关心我的个人情况吗？"能否获得"非常同意"的回答，取决于你能否有效地激励每个员工。作为一名经理，你唯一可以投资的东西就是你的时间。你把时间花在谁身上和怎样花时间，决定你当一名经理的成效。那么，你究竟应该在最优秀的员工身上，还是在那些勉强应付工作的员工身上多花时间呢？你应该帮助一个员工克服弱点呢，还是发挥他的优势？你曾经给过某个员工太多的奖励吗？如果给过，是在什么时候？如果没有，又是为什么？如果你想有效地帮助每个员工出类拔萃，你就必须回答这些问题。

第四，"我觉得我的主管或同事关心我的个人情况吗？"和"工作单位有人鼓励我的发展吗？"一样，所关注的都是你培养人的能力。如果一名员工来找你，他通常会问："我下一步该怎么走？你能帮助我成长吗？"你必须懂得怎么回答。你应该帮助每个员工晋升吗？如果你告诉他参加一些培训班，并缴纳培训费，这主意对不对呢？也许你感到你与员工过于亲近。你们的关系真的会太亲近吗？如果你必须解雇一个你曾经关心过的员工，又会发生什么情况呢？这么说吧，你究竟要给你的员工什么？如果你试图帮助每个员工在当前和未来职位上取得成功，你对上述问题的回答将影响你的行动。

选拔人、提出要求、激励他、培养他：这就是"催化剂"的四项核心内容。如果一家公司的经理们不能发挥这些作用,那么,无论公司系统多么尖端,公司领导多么鼓舞人心,这家公司仍然会慢慢瓦解。

90年代初,有一家一流的旅店业公司尝试用自我管理的班组代替传统的经理管理。这是业内一位顶级主管的发明。此人不仅满脑袋新点子,而且急于将其公诸于世。他设想组建一家完全由班组管理的旅馆。每个班组由管家、前台职员、门童、维修人员和餐饮服务员等均匀搭配构成。每个班组的员工将实行自我管理,包括制定工作进度表,分派任务并相互管教。为了鼓励相互支持,所有的奖励和表扬都在班组一级进行。为了鼓励个人成长,每名员工加薪的唯一途径是学会班组的各个工种。学会的工种越多,赚的钱越多。所有这套运作由几名经理负责监控,其主要职责不是管理员工,而是保证这套新的班组系统顺利运行。这是一个不无创意的计划,只不过有一个缺点:它不灵。

一如许多优秀的饭店员工,这家饭店的员工喜欢相互支持,但这种班组结构却使他们陷入混乱。最好的管家不想当前台职员。他们喜欢清理房间。前台职员不喜欢餐饮服务。而餐饮服务员换到前台后,不仅自己一筹莫展,更难以容忍前台职员糟蹋他们心爱的餐厅。结果,每个员工都感到自己错位。他们不明白对自己的工作要求。他们不再感到胜任愉快。由于大家关注的是团队,而不是个人绩效，每个人不再感到自己有什么重要。于是，他们开始争吵，客人们开始抱怨。而剩下的几位经理为了帮助每个岗位上的新手，捉襟见肘，疲于奔命。

面对一团糟的局面，主设计师尽管一再打气，却无力回天。最后，饭店不得不回归传统体系，而它的母公司被卖给了一家更大的饭店集团。

这家公司为了用一种精心设计的班组结构取代优秀经理的有效管理而付出了沉重代价。不幸的是，许多别的公司现在面临类似命运，尽管其下滑的途径有所不同。这些公司把"催化剂"的作用交给另一些部门，如人力资源部和培训部。于是这些部门设计出一套复杂的选拔系统和各类技能培训班，而让经理们去集中精力"完成工作"。依照的观点是，经理们已经够忙了，无须再去操心如何准确选拔和培养员工。

虽然这种想法用心良苦，但事实证明，免除经理的上述职能，最终会使公司失去生气。健全的公司在每个经理与员工之间建立牢固的纽带。如果经理在选拔员工上没有发言权，如果他不对员工当前的成功和未来的成长投资，那么，这种纽带就会失去作用。

这并不是说，人力资源部门和培训部门不应向经理们提供各种工具、系统和培训。它们固然应当。但它们的工作要点应是教会经理们使用这些工具，而不是用这些工具或部门来取代经理。

如前所述，经理的核心职责由四项活动构成：选拔人、提出要求、激励他和培养他。这些工作必须一对一地，即个别经理对个别员工，来逐一完成，而集中实施是行不通的。

经理并不是等待提拔当领导的人

"经理把事情做正确。领导做正确的事情。"传统智慧为这样的至理名言而洋洋得意。如前所述，传统智慧用这样的话鼓励经理们为自己挂上"领导"的标签。它让经理扮演靠得住的实干家，而领导则是全局在胸，运筹帷幄，精明老到的主管。鉴于大部分人更希望成为精明老到的主管而不是靠得住的实干家，上述劝导似乎有助人上进的积极意义。其实不然——因为它贬低了经理的作用，却未能在其他方面取得更多成效。经理和领导之间的差别比大多数人想象的要深奥得多。凡是忽略这种差别的公司都会自食苦果。

优秀经理与优秀领导之间最重要的区别在于两者关注的焦点不同。优秀经理是向内看的。他们关注公司内部，深入了解每个人，了解每个员工在风格、目标、需求和动机等方面的差异。这些差别细小而微妙，但是优秀经理需要关注它们。这些细微的区别指引他们寻找适当的方式，来释放每个人的才干，将其转化为业绩。

而优秀领导正好相反,他们是向外看的。他们看外部竞争,看未来,看不同的前进路径。他们关注宏观格局,寻找各种联系和空隙,然后在阻力最弱的地方出奇制胜。他们必定有远见卓识、善于战略思维和行动。如果表演得出色,这无疑是一个至关重要的角色。但这与变一个人的才干为业绩的挑战相比,是两回事。

优秀经理不是一些等着天降领导重任的小主管们。而优秀领导也不是一些见多识广的经理。经理与领导的核心活动是完全不同的。对一个人来讲,完全有这种可能:他是一位很出色的经理,却是一名很糟糕的领导。不过,对一个人来说,同样存在另一种可能:他当领导很出色,却当不好经理。当然,也有少数才华出众的人,当领导或经理都能干得很出色。

如果有些公司混淆这两个角色,要求每个经理都成为领导,或者把"领导"简单定义为"经理"的高级形式,那么,至关重要的"催化剂"作用就会被低估、误解,继而无法发挥。如此,公司就会垮台。

删繁就简

迈克·K是一家大型商业银行的高级经纪人。他遇到了一件意想不到的事。他手下的三十名经纪人今年的业绩比以往各年都好。办公室里气氛热烈,蒸蒸日上。老板给了他非常丰厚的奖金。

可是，他刚刚从人力资源部得知，他是全公司最差的经理。他们直言不讳，毫不掩饰："你是全公司最差的经理。"

"你们这么说，究竟有什么根据？"迈克反问。

"就是这份360°测评报告。"他们回答，"你的直接下属就二十五项不同的能力对你进行了评定。虽然你在其中一些项目上得分很高，但是根据我们最后的计算，你的平均分是全公司最低的。在今后几个月里，你需要认真改正这些缺点，因为我们明年还要做这样的测评。"这虽然不是——不全是——一种威胁，但迈克懂得，他来年肯定没有好日子过了。

迈克不幸受到好心办错事的伤害。有些公司为了避免重蹈轻视经理的覆辙，却走向了另一个极端。它们把经理的职责规定得异常烦琐，以至于可怜的经理根本无法达到一长串"达标能力"的要求。以下是《财富》50强中一些公司采用的部分经理达标能力标准：

- 变革管理
- 自知之明
- 制定计划
- 远见卓识
- 鼓动
- 战略机敏

- 率队能力
- 冒险精神
- 敢于负责
- 商业实务和管理
- 结果至上
- 多样性管理
- 视野开阔
- 临危不惧
- 善解人意

像迈克这样的经理就是由他们的顶头上司、直接下属，有时还有他们的同级，按照上述能力标准逐一评定的。凡是他们做得好的方面，往往被他人目光匆匆地一扫而过。凡是他们得分低的方面，则被挂上"有待改进"的标签，并成为来年"个人发展计划"的重点。

你不妨想象一下，一线经理们对这套做法会怎么看："我怎么能够既有'远见卓识'，又保持'开阔视野'？我怎么能既'敢于负责'，又'善解人意'？这些都是对常理的荒唐而痛苦的歪曲。培养超级经理可能一度是个好主意，但就像弗兰肯斯坦[1]医生的计

---

1 弗兰肯斯坦：美国科幻电影中的人物，用死尸残肢制造妖怪。（译者注）

划，其结果总是既可笑，又可怕。

最后，无论原来用心多么良苦，这种过于细分经理职责的做法是毫无必要的。一家公司不应强迫所有经理用千篇一律的方式去管理各自的员工。每个经理都有，而且应该有他自己的风格。一家公司能够而且应当做的是，使所有经理都专注于"催化剂"的四项核心活动：选拔人、提出要求、激励他、培养他。不论经理们采用多少不同的风格，只要他们有效发挥这一作用，就打好了基础。在每个员工力所能及的前提下，他们的才干得以发挥，继而转化为业绩。这样，公司就能发展壮大。

优秀经理是怎样做的
——四大要诀

催化剂作用所描述的，是优秀经理做什么。至于他们怎么做，它却什么也没说。

那么，他们究竟是怎样去做的呢？优秀经理们是怎样释放员工潜能的？他们怎样选拔人，提出要求，激励和培养每个员工？

在《约柜袭击者》一片中有这样的场景：一筹莫展的英迪安那·琼斯正在四处寻找挖掘约柜的地点。他的对手是一群纳粹匪徒，他们已经开始挖掘。所以他迫不及待地想抢在对方前面得到宝物。约柜的位置印在一顶装饰性的古代头盔上。一个瘦骨嶙峋的埃及托钵僧把头盔拿在手中，一边反复细看，一边缓慢而精确地翻译着梵语经文。突然，琼斯停住脚步。他听到僧人的翻译，猛然醒悟，纳粹匪徒误解了古老的经文。他们的计算有误。他们的标尺太短。他转向自己的同伴，笑着说："他们挖错了地方。"

联系到一名经理的四项核心活动，传统智慧也是"挖错了地方"。它的忠告所差无几，真的十分贴题。可是，你如果用优秀经理的眼光看一看，就会发现，其中每一条尽管贴得很近，却都未击中目标。传统智慧鼓励你：

> 1. 选拔一个人——根据他的经验、智力和决心。
> 2. 提出要求——通过规定正确的步骤。
> 3. 激励他——通过帮助他识别和克服弱点。
> 4. 培养他——通过帮助他学习和获得提升。

表面看，上述建议并无不当。事实上，许多经理和公司对此笃信不疑。可是，所有这些都偏离了目标。你不可能只根据个人的经验、智力和决心来选拔人组成一个优秀班组。规定正确的步骤和找出员工的弱点，并不是确保持续绩效的最有效的方法。帮一个人往上爬与"培养"的本意毫不相干。

第 2 章
优秀经理的智慧

我们仍应牢记优秀经理们共有的革命性的真知灼见：

> 人是不会改变的。
> 不要为弥补欠缺而枉费心机，
> 而应多多发挥现有优势，
> 做到这一点已经不容易了。

如果你把他们的真知灼见用于催化剂的核心活动，你就将看到：

⊙ 选拔人时，他们重在选才干——而不仅仅看经验、智力或决心。

⊙ 提出要求时，他们重在界定正确的结果——而不是正确的步骤。

⊙ 激励人时，他们重在发挥优势——而不是克服弱点。

⊙ 培养人时，他们重在帮助他寻找最适合他的位置——而不是让其一味往上爬。

我们把这种革命性的做法称为优秀经理的四大要诀。这四大要诀合在一起，揭示了优秀经理如何开发每个员工潜力的奥秘。

下面让我们逐一研讨这四大要诀的内容，以及你该如何将它们用于你的员工。

第3章
第一要诀：选拔才干

First,
Break All the Rules

- 为什么做好任何工作都需要天赋才干
- 为什么天赋才干比经验、智力和意志都重要
- 优秀经理能改变一个人多少
- 技能、知识和天赋才干的区别是什么
- 打破那些管理神话
- 优秀经理怎样找到才干

为什么做好任何工作都需要天赋才干
——优秀经理怎样定义才干

提到"天赋才干",我们通常想到的是闻名遐迩的超常能力,这里强调的是"闻名"。当看到迈克尔·乔丹左冲右闪地突破重围投篮时,我们知道他受的训练和他的刚强意志都不是他成功的第一要素。不错,他确实拥有这两点,但其他许多美国NBA球员们也拥有。只凭这两点迈克尔成不了耀眼的明星。迈克尔成功的杀手锏在于他有天赋才干。看到罗伯特·德·尼罗[1],泰格·伍兹,杰伊·勒诺[2],梅亚·安格劳[3],我们的反应是一样的:他们都是天才。

---

1 罗伯特·德·尼罗(Robert De Niro):美国著名演员。(译者注)
2 杰伊·勒诺(Jay Leno):美国著名电视主持人。(译者注)
3 梅亚·安格劳(Maya Angelou):美国著名诗人。(译者注)

第3章
第一要诀：选拔才干

他们有一种与生俱来的特质。对于我们大多数人来说，才干是稀罕而珍贵的，是上苍降在远离我们的特殊的人身上的。有才干的人和我们不一样。他们和我们不是一类人。

优秀经理反对这样的才干定义。他们认为它过于狭隘和专业化。优秀经理将才干定义为一种"贯穿始终并能产生效益的思维、感觉和行为模式"。这里的重点是"贯穿始终"。他们认为你的天赋才干就是你发现自己经常做的事情。你有一种神经"过滤器"，它使你在生活和工作中对于某种刺激感到兴奋，而对其他刺激则无动于衷。比如，你本能地不仅善于记住人的模样，而且能记住他们的姓名，这就是一种才干；你把调料瓶按字母排列，或者把衣物按颜色深浅顺序放在柜橱里，这种习惯也是才干；你爱玩猜字游戏，你爱冒风险，你急不可待等等，这些都是才干。任何可以产生效益的"贯穿始终"的行为模式都是才干。而取得出色成绩的关键在于使你的才干与工作相匹配。

这种才干的定义貌似中立，近于平淡无奇，可它却引导优秀经理得出一个重要的结论：要做好任何工作都需要天赋才干，因为做好任何工作都需要某些"贯穿始终"的思维、感觉和行为模式。这说明成功的护士有才干，成功的卡车司机、教师、清洁工和乘务员都有才干（我们将在本章后几节具体描述他们的天赋才干）。

不论这些卓越表现是"闻名遐迩"还是默默无名,优秀经理深知,没有天赋才干就不可能达到卓越。

为什么天赋才干比经验、智力和意志都重要
——选人第一

对于大多数的职位,传统智慧认为经理们选择员工的标准应该是经验、智力或意志。而才干即便被提及,也不过是顺带说说。

传统智慧告诉我们:

"经验是决定因素。"看重经验的经理对应聘人的工作经历看得非常仔细,他们细看每个人的简历,对他们原来受聘的公司和担任的职位进行评估。他们觉得透过一个人的过去就可以看到他的将来。

"智力是决定因素。"信赖智力的经理认定,只要你聪明,绝大多数职位你都能胜任。聪明人就是比不聪明的人灵。所以在挑人时,这类经理倾向于表达清晰、学习成绩好的应聘者。

"意志是决定因素。"这类经理坚信,"成功来自于10%的天分与90%的勤奋。"他们认为,就技术而言,绝大多数工作都能学会,但对成功的渴求与面对困难的坚韧不拔是学不来的。所以他们选

择人才时，特别看中候选人的毅力。

优秀经理们并不否认这三点的重要性：经验给人启示，智力是上帝的恩赐，而毅力——优秀经理实际上将它视为天赋才干——几乎是不可能学会的，天赋才干胜过经验、智力和意志，是在每一个职位取得成功的先决条件。例如服务员向顾客给出建议的能力，护士体谅病人处境的能力，销售人员说服客户的能力，以及经理区别对待每位员工的能力。而传统智慧要么认为这些能力可以在员工应聘后通过培训而获得，要么认为它们对工作表现无关紧要。

这两种想法都是错误的。

第一，天赋才干是无法教会的。你教不会有主见，教不会善解人意，教不会变压力为动力，也教不会因人而异地进行管理。你只能寻找有这些天赋才干的人。第二，天赋才干是业绩的根本动力。这不是说经验、智力与意志不重要。但是，一个员工的才干组合——他的动机、思维和待人处事方式——更为重要。不论你怎样仔细地以相同的经验、智力和意志标准选人，你雇佣的员工所取得的业绩总会参差不齐。在第一章描述的零售店中，所有的经理所处环境和所受培训完全相同，但是有的人能盈利15%，有的人却亏损30%。

在一家大型电信公司，低效的客户服务代表与明星代表相比，解决一个相同的客户问题要让客户多打三倍的电话。鉴于每年有上百万客户打电话，每个电话成本10美元，这笔开销令管理层无法忽视。

一家全国性的运输公司调查得知，公司的司机们每年平均行驶125,000英里，出四次交通事故；而有一名最出色的司机却行驶400万英里而无一次事故。

每个职位总有做得好的和做得差的，不论它多么简单。经验、智力与意志都可以明显地影响一个人的业绩，但只有合适的天赋才干——即适合于某个职位的行为模式——才可以解释为什么出现这种不同，为什么在其他条件相同的情况下，有些人出类拔萃，而另一些却在苦苦挣扎。

让我们举一个极端的例子。在这个例子中，主人公的经验、智力与意志都经过了精挑细选，他们也受到了同样严格的培训，可他们的表现却大相径庭。

唐·弗利金杰将军遇到了一个空前绝后的管理挑战。他必须寻找并培训七个人来完成一项异常艰巨的任务。从来没有人接受过这样的任务，而且每个人这辈子只可能做一次。这件事风险很大。成功了，这些人将重建美国的自尊。失败了，将大长华约组织的威风。

像所有经理一样，这位将军花了大量时间和精力来寻找最适

第3章
第一要诀：选拔才干

合做这项工作的人。首先，他确定了候选人的基本标准：年龄不超过39岁，身高不超过5.11英尺，身体健康，军事试飞员学校毕业，至少有1,500小时的喷气机飞行经验。

所有初选合格者都接受了最严格的体格和心理测验。耐力测试包括：一口气能把汞柱托多久？心理测试包括：把人关在漆黑隔音的房间里，不讲明释放时间，看你能坚持多久。耐痛训练包括：在大拇指根部扎入长钢针，然后通电，看你受得了吗？

就这样，弗利金杰将军找到了符合他要求的七个男子汉：艾伦·谢泼德，格斯·格里索姆，约翰·格伦，斯科特·卡彭特，沃利·希尔拉，戈登·库珀和德克·斯莱顿。

他们的任务是完成水星太空行动。

如同所有的优秀经理一样，人选确定后，将军就开始培训他们。他们的学习内容空前广泛，从复杂的地心引力及火箭推进原理，到在太空中控制摇滚和摆动的基本技能。他们有最优秀的教员，最先进的设备和充足的培训时间。经过两年培训，他们的理论水平和操作技能都非常过硬。

到了1961年5月5日，一切就绪。艾伦·谢泼德的十五分钟低轨道飞行取得开门红（德克·斯莱顿因原有的心脏问题未能成行），其后又成功完成五次飞行，以戈登·库珀三十四小时绕轨道二十二圈的马拉松飞行而告终。

1963年5月17日库珀成功返回地球后，美国终于赶上了苏联。美国人恢复了自尊，并向最终登月迈出了关键的一步。几乎从任何角度看，水星行动都是一个成功的项目实施范例：先进技术加上精心挑选和严格培训的人才，倾国力于一项特殊的使命，不成功才怪呢！

不过，如果你看得再仔细些，如果你以严格的管理者的眼光来审视水星行动的话，你就会发现它实在算不上十全十美。你会发现六个当事人所完成的任务大不相同。如果我们透过行动的宏伟规模和每个宇航员的英勇气概，就会发现，六次飞行的结果可以分为三等：两次按部就班，两次表现非凡，两次不怎么样。而再仔细看，你会发现，在大多数情况下，是宇航员自己造成了这种表现的差异。

艾伦·谢泼德与沃利·希尔拉是两名职业军人，把飞行任务完成得完美无缺：没有惊险，没有意外，是教科书式按部就班的表演。

约翰·格伦和戈登·库珀略有不同。格伦是英雄中的英雄，而库珀平静得甚至在发射台上睡着了。他们俩都遇到了严重的技术问题，而他们以超人的冷静和高超的技艺克服了困难。库珀甚至在自动返地导航系统完全失灵后完成了最精确的溅落。

第3章
第一要诀：选拔才干

与他们相比，格斯·格里索姆与斯科特·卡彭特的表现就很勉强了。格里索姆虽然飞得很漂亮，但当他的密封舱溅落海面时，他表现得惊慌失措。他过早打开应急舱门，致使密封舱灌满了海水，最后沉入16,000英尺深的海底。美国国家航天局最终也没能把这个重3,000磅的密封舱打捞上来。

卡彭特呢，进入太空后他显得太得意了。他把密封舱左摇右晃，几乎耗尽燃料。准备返回地球大气层时，他找不到正确的进入角度，结果偏离预定降落点250英里。他是够幸运的。如果他再偏离几度的话，密封舱就会错过大气层，永不回头地向宇宙深处飞去。

对宇航员的不同表现，美国国家航天局一定感到诧异："为什么表现会如此不同？他们都是经过千挑万选的，他们的经验、智力与意志都出类拔萃。我们给他们提供了相同的培训和设备。为什么他们的表现各不相同呢？为什么库珀干得非常出色，而卡彭特那么吃力呢？为什么格伦那么冷静，而格里索姆那么慌乱呢？

答案就在于，尽管他们在很多方面都很相似，与常人相比都异常出色，但这六个人却有着不同的天赋才干。

尽管他们六个人面对着同一种外界刺激，但他们对刺激的反应却大不相同。在轨道上，卡彭特兴奋得不停地玩弄高度操纵杆，而库珀却十分冷静,甚至在部分飞行期间睡着了。在起飞后,格里索姆的脉搏激增到每分钟150次,而格伦从没超过80次。

我们每个人都有独特的"过滤器",一种对周围世界做出反应的特殊方式。你的"过滤器"告诉你哪些刺激应该注意、哪些可以不理,告诉你什么应该爱、什么应该恨。它们决定你的内在动机——你喜欢竞争,还是博爱,还是以自我为中心。它们决定你的思维方式——严谨还是放任,讲求实际还是高层建瓴。它决定了你的态度,乐观还是玩世,冷静还是急躁,体谅还是冷漠。它决定了你身上所有不同于旁人的思维、感觉和行为方式。说到底,你的"过滤器"就是你的天赋才干。

举个例子,所有的客户服务代表都面临相同的情形——他们接到的是几千个顾客的抱怨电话。他们使用同样的技术,有着同样的经验,接受同样的培训。可是一般的员工解决同样的问题比最出色的客服代表让客户多打3倍的电话。为什么?因为大部分最出色的客服代表都比较害羞,而对他们而言,电话是表达亲近的工具。电话使他们无需直接面对顾客,同时用比直接面对顾客更快捷和有效的方式与顾客沟通。他们可以想象顾客在哪儿消费,什么模样。他们可以在通话时微笑,并挥手致意,尽管他们知道,顾客是不会看到的。他们本能地使用他们的"过滤器"来倾听顾客的声音,继而勾画其全貌。而电话线另一端的顾客是可以感觉到差别的。

这种对世界的过滤并不是一个自觉和理性的过程。它也不是每星期发生一次，允许你有足够的时间坐下来，仔细掂量所有方案，然后从中选出最"合理"的。相反，这个"过滤器"终日运转，为你实时地解读世界。在所有你可能去做，可能感觉和可能思考的事情中，你的"过滤器"不断告诉你应该去做、去感觉和去思考的那几件事。

不是你的种族、国籍、性别和年龄使你与众不同，是你的"过滤器"使你与众不同。

优秀经理能改变一个人多少
——全脑时代

你有多少可以改变？

如果你讨厌见生人，你会学会以打开僵局为乐吗？如果你不愿争论，你会变得喜欢舌战群雄吗？如果登台会让你冒汗，你会欣然接受公开演讲的挑战吗？一句话，人可以培养新的才干吗？

许多经理与公司都认为答案是肯定的。他们怀着美好的愿望，告诉员工们，每个人的潜力都是一样的。他们鼓励员工们解放思想，努力学习新的行为方式。为了帮助员工们晋升得更快，他们送员工们上各种培训班，学习各种新的技能，比如善解人意，力排众议，建立关系网，创新以及战略性思维，等等。在他们眼里，一个员工最宝贵的优点之一，就是愿意通过学习和自律来改变自己。

可是世界上最优秀的经理并不这么看。请记住他们的座右铭吧：

> 人是不会改变的。
> 不要为弥补欠缺而枉费心机，
> 而应多多发挥现有优势，
> 做到这一点已经不容易了。

他们认为一个人的天赋才干，即他的精神"过滤器"，就是"现有优势"。无论"微笑学校"如何培训，都不可能把一个见到陌生人就紧张的人转变为见面熟。一个人如果越生气就越语无伦次，那么，无论他怎么努力，都不可能在辩论中出类拔萃。一个决心与对手一决雌雄的人无论怎样理解双赢的价值，都不会喜爱这种结局的。

一个人的精神"过滤器"就像他的指纹一样持久而独特。

第 3 章
第一要诀：选拔才干

这是一种激进的理论，与风行数十年的自力更生的神话格格不入。但近十年神经科学的进展却证实了这些优秀经理信奉已久的观点。

1990年，美国国会与总统宣布90年代为全脑时代。他们授权拨款，资助各种学术会议，尽其所能地帮助科学界探索人脑的奥秘。

他们的支持加快了工业界、学术界及科研机构在这方面的进展。国家精神卫生研究院前院长刘易斯·L.贾德声称："神经科学进展神速。我们目前掌握的有关人脑的知识，有90%是近十年获得的。"

过去，我们只能通过病人的行为来了解人脑的活动，而现在，正电子发射层描术（PET）与核磁共振成像技术（MRI）可以真实地让科学家看到大脑是怎样工作的。在这些高科技手段的帮助下，我们在科学探索上迈进了一大步。

我们看到，精神疾病与其他身体疾病一样是生理疾病。我们看到，为什么神经介质多巴胺（neurotransmitter dopamine）可以让我们冷静，而复合胺（serotonin）能使我们兴奋。我们看到，与常规想法相反，我们的记忆不是集中贮藏在大脑的某个地方，而是作为线索散落在大脑网络的每条干道和小胡同里。

我们也了解了大脑是如何生长的。照这个速度，不出几年，我们的知识就会成倍激增。以下是我们目前已了解的。

一个初生的婴儿脑中有一千亿个神经元（neuron），他的大脑细胞比银河系的星星还多。这些细胞在孩子的一生中有规律地再生与死亡。不过它们的数量基本不变。这些神经细胞就是思想的原材料。但它们不是思想。孩子的思想存在于这些神经细胞之间，在这些细胞的相互联系中，在突触（synapses）中。

在孩子最初的十五年中，突触之间如何关联决定了他的独特心理历程。

从婴儿出生之日起，他的思想就开始积极而活跃地伸向外界。从大脑的中心开始，每一个神经元都向外发出成千上万的信号。它们试图与其他伙伴对话、交流，建立联系。想象一下，一个人同时与世界上十五万人建立联系，你就会明白这个年轻生命的思想世界是多么宏伟、复杂和充满活力。

在孩子三岁时，成功联接的数目就已大得惊人了——一千亿个神经元中，每个神经元各自建立了十五万个突触的联接。

不过这太多了。他的大脑里塞满了五花八门的信息，负担未免太重。他必须用自己的方式对这些信息进行整理和理解。所以在后来的大约十年中，他的大脑开始整合它的突触联接网。牢固的联接得以增强，而薄弱的联接逐渐消亡。韦恩州立大学医学院的教授哈里·丘甘尼博士把这个筛选的过程比作一个公路体系：

第 3 章
第一要诀：选拔才干

"常走的路越走越宽，不走的路渐渐荒芜。"

科学家们仍在争论是什么原因使某些精神"公路"比其他"公路"用得更频繁。一些人认为孩子的遗传基因先天地决定他会选择哪些精神路径；另一些人则认为后天的养育会决定在达尔文式的筛选过程中不同路径的去留。

这些观点并不互相排斥。不过无论是偏向先天遗传还是后天影响，大家对筛选结果的看法基本相同。当孩子十几岁时，他的突触联接只有三岁时的一半了。他的大脑已经开辟出一个与众不同的联接网络。这里有几条平坦宽阔的四车道高速公路，其联接牢固而通畅；也有拒绝一切信号出入的荒原。

如果他获得一条体谅的四车道高速路，他就会设身处地体会到周围人的所有情感。相反，如果他在体谅方面是一片荒原，他就会成为感情上的盲人，永远在错误的时间对错误的对象说错话。这不是因为他有恶意，而是因为他不能准确接受外界信息。同样，如果他获得一条争辩的"高速路"，他就会在激烈的辩论中，左右逢源，妙语连珠。而如果他在争辩方面是一片荒原，他会发现在辩论的关键时刻，他的大脑总会令他张口结舌。

这些精神路径就是他的"过滤器"。它们生成了使他不同于别人的贯穿始终的行为方式。它们告诉他，对什么信号该注意，对什么可以不理睬。它们决定他在哪些领域会出类拔萃，在哪些领域会苦苦挣扎。它们制造了他所有的热情和冷漠。

这些路径的建造过程就是他的性格塑造过程。神经学告诉我们，一个人十几岁以后，要改变性格，是十分有限的。

当然这并不是说他不可以改变。正如后续章节中谈到的，他可以学习新技能和新知识。他可以改变他的价值观，他可以培养更强烈的自我意识和增强自我规范的能力。并且，如果他在处理争端方面是一片荒原，那么通过足够的训练、辅导和鼓励，他也许会在帮助下开辟一条小径，使得他至少能够应付争论。但是，上述的确说明，就精神路径而言，无论怎样的培训、辅导和鼓励都不能将他的荒原变成通畅无阻的四车道高速路。

神经科学证明了优秀经理的直觉。一个人的"过滤器"及其所生成的贯穿始终的行为方式是持久的。在许多重要的方面他都是永远而神奇地与众不同。

你也是这样。当然，你的员工们也都如此。

技能、知识和天赋才干的区别是什么
——判断哪些是能改变的

要对一个人的头脑重新布线是有限的。对此，优秀经理们非但不会感到不安，相反，他们感到欣慰。因为这恰恰说明人人各不

第3章
第一要诀：选拔才干

相同。盼望个性消失是没有意义的。有意义的工作是去培育个性，让每个人发现自己的"过滤器"，并且把它转变成有效的行为。

既然如此，如果你不能在你的员工身上培养新的才干，那你能怎样改变他们呢？

第一，你可以帮助他们发现自身潜在的才干。正如我们将在第五章中详细讲述的，顶级经理善于在员工身上发现潜能的蛛丝马迹，然后帮助他重新定位，以便更有效地发挥这一才干。

第二，一名经理可以向员工教授新的技能和知识。这里，我们遇到了优秀经理都认同的一条重要见解：技能、知识和天赋才干是构成绩效的三个不同因素。三者的区别在于，技能和知识可以很容易地被教会，而天赋才干则不能。技能、知识和天赋才干在一个人身上的独特组合可以产生巨大威力。但是你千万不能把它们混为一谈。否则，你将会把大量时间和资金浪费在教别人永远也学不会的东西上。

技能所应答的是一件工作"怎样做"的问题。它们是人们可以相互传授的各种能力。对于会计，算术是一项技能。如果一名新会计由于某种奇怪的原因而不会算术，别人仍可以教他。对于飞行员，掌握摇滚和摆动的操作原理是技能。对于行政助理，使用微软的Word或Excel软件是技能。护士的技能之一则是准确地给病人注射。传授技能的最好办法是把整个操作过程分成各个步骤，让学生最后连成一体。无庸讳言，学会一项技能的最好办法是实践。

而知识就是"你知道的东西"。世界上有两种知识。一种是事实性的，就是你知道的事情。另一种是经验性的，就是你从实践中获得的各种理解。一名会计的事实性知识是复式记账的原则。对于飞机乘务员，联邦航空管理局的安全规章就是事实性知识。销售人员的事实性知识是产品的性能和功效。工程师的事实性知识则是国家技术标准局规定的标准电频。事实性知识可以而且也应该通过教学来获得。

经验性知识略有不同。它是无形的，因此教起来困难得多。获取它是你自身的责任。你必须学会使自己停下来，回顾过去的经历，然后总结规律。通过这种反思，你开始看到事物的规律和内在联系，继而获得一种感悟。

有些感悟是实用的。比如，工作几年以后一名会计能掌握各种各样的方法，来保护客户的财产，避免过度纳税。一个零售店的老板通过研究顾客的日常购买规律，来决定节假日的重点促销商品。一名教师通过反思以往的教训，在最枯燥的章节中插入录像或让学生外出参观，以此来提高学生的兴趣。

有些感悟是较为理念性的。你的自我评价和你对自身形象的认识是你的经验性知识。获得这种知识是需要时间积累的，并且

第 3 章
第一要诀：选拔才干

需要你时刻留心。同样，你的价值观——即你对生活的看法——也是经验性的知识。通过不断的选择，有时让步，有时坚持，你逐渐了解你的生活中哪些方面对你来说更重要。这些你更看重的东西就成为你的价值观，指导你未来的决策。有些价值会贯穿你的一生。其他的则会随时间推移和你的反思而改变。

天赋才干则是完全不同的现象。天赋才干是你精神世界中的四车道高速路。它们决定了你的贯穿始终的思维、感觉和行为方式。盖洛普通过对优秀会计师的研究，发现他们最重要的才干之一是天生喜爱"精确"。如果你问一名优秀会计师——注意，不是所有会计师，而是优秀会计师——他什么时候会微笑，他就会告诉你：在账对平的时候。这个时候，他的世界才会完美。他或许不会表现出来，但他内心是欣喜若狂的。他所想的是：太棒了！什么时候再来一遍该多好。你可能觉得不可理解。可是如果你从一个天生要求精确的人的角度去看，会计是一件非常棒的工作。每次对平账目，他都在工作中找到了完美。我们当中有多少人能享受这种快乐呢？

这种对精确的热爱既不是技能，又不是知识。它是一种天赋才干。如果你不具备它，你将永远不可能成为一名出色的会计师。如果一个人没有这种天赋才干作为他的"过滤器"的一部分，经理是难以把它移植到他身上的。

三种天赋才干

在盖洛普,我们研究了一百五十多个职位所需要的天赋才干,并在此过程中发现了数量众多的各种天赋才干。正如你会想到的,我们发现,做好不同工作所需要的才干大不相同——一支NHL(全国冰球协会)球队的明星守门员与一名杰出的天主教副主教所具备的才干颇为不同;顶级护士与顶级股票经纪人也不是相同材料制成的。

所幸的是,我们找到一种方法,将五花八门的才干大致分为三类:奋斗才干、思维才干和交往才干。

奋斗才干解释一个人的"为什么"的问题。它们解释为什么一个人每天都起床,为什么他有充沛的精力努力工作。他渴望出人头地,还是得过且过?他争强好胜,还是助人为乐,或两者都是?他把专业能力作为自我评定的标准,还是一味讨别人欢喜?

思维才干解释一个人的"怎样"的问题。它们解释他怎样思考,怎样权衡,怎样决策。他专心致志,还是喜欢保持选择的自由?他规划有序,还是喜欢惊喜?他的思维方式是线性而实际的,还是善于战略思维,不断和自己玩"如果那样怎么办"的游戏?

交往才干解释一个人的"谁"的问题。它们解释他相信谁,

第3章
第一要诀：选拔才干

与谁交往，与谁争斗，对谁冷漠。他热衷于结识陌生人，还是只有在好朋友面前才放得开？他认为信任必须经过考验，还是认定大部分人值得信赖而普施信任？他坦然自若地与人争辩，还是平时尽量避免争辩，而最终积累成激烈的发泄？

奋斗、思维和交往：这就是对天赋才干的三种基本分类。在每一类中，你肯定有自己独特的高速路和荒原组合。无论你多么渴望改变自己，你的才干组合，以及它所形成的行为模式都将持之以恒，对此，无论你自己，还是对别人，都习以为常。

但是如果你不具备这种天赋才干，刚刚获得的技能和经验就帮不上忙。由于缺乏天赋才干，当你遇到培训没有涉及到的全新的环境时，你就会感到很吃力。

在现实生活中会发生同样的事。假设你刚刚对新员工进行了提供良好客户服务的技能和知识培训，然后你就让他们上岗工作了。只要顾客的要求在你的培训范围之内，你会发现大部分员工会做得很好。

但是如果一名顾客向他们提出他们从未听过的要求，会怎样呢？如果他们具有体谅或说服的交往才干，他们就会表现出色。他们会本能地使用最恰当的语言和声调使顾客平静下来，直到把问题解决。

但如果他们不具备这些天赋才干，那么他们刚刚获得的所有技能和知识都将无济于事。他们的表现也就成了问题。

技能与知识的威力在于它们能从一个人传播给另一个人。它们的缺点在于它们经常受场合的限制，当不能预见的情况发生时，它们就很难派上用场。

相比之下，天赋才干的威力在于它适用于不同的场合。只要受到适当的刺激，它就会自我启动。如果你有竞争的才干，那么几乎任何一种竞赛都会使你兴奋。如果你有体谅的交往才干，那么每一种情感都会打动你。如果你有直抒己见的才干，那么无论是什么话题，你都会把你的观点陈述得既简明，又有说服力。

当然，天赋才干的缺点就在于它很难由一个人传授给另一个人。天赋才干是教不会的。你只能挑选天赋才干。

几个小智力游戏

如果你想亲身体验一下技能、知识和天赋才干的区别，你可以先做以下这个游戏：

请说出MILL1ON（百万）中包含的成语或谚语。

答案是：One in a million（百里挑一）。

如果你是脱口而出，那么你很可能有识别词句规律的天生才干。我们发现很多优秀的编程人员具有这种思维才干。也许像他

第3章
第一要诀：选拔才干

们一样，你也喜欢猜字谜和玩脑筋急转弯游戏。

也许你没有马上猜到答案。别着急，我们可以教你一个技巧，来提高你识别词句规律的能力。这一技巧分为三步：

> 1. 观察这个单词中有什么地方异常。
> 2. 判断异常部分与单词整体有什么联系。
> 3. 把第一步和第二步联系起来，找到答案。

以第一道字谜为例。我们看到数字"1"在单词中处境异常。它与整个单词相比处在什么位置？数字"1"是在单词MILLION（百万）的中间。把二者联系起来，答案就有了："One in a million"（百万中的"一"，译为百里挑一）。是不是很简单？

现在试试新学的方法来获得经验。你能在以下单词中找到一句常用语吗？

$$P^AY$$（薪金）

看看有什么异常？是字母A！它跟其他字母怎么不一样？它比别的字母高，而且夹在中间。答案是"A raise in pay"（涨工资）。

再看看这个：

First,首先,打破一切常规 Break All the Rules

TEMPER TURE(温度)
　　　A

什么处境异常？还是字母"A"。与单词整体相比，它在什么位置？在别的字母下方，且被夹在中间。答案是"A drop in temperature"（降温）。

再来一个：

GR CE（温文尔雅的）
　A

希望这次您很快就猜到了答案："A fall from grace"（丢脸）。

好，你已经学习了一种新技巧，并有机会通过运用它获得一些经验性的知识，正如在现实世界中你可以向员工提供的一样。不过，在现实世界中也有改变规则的时候。下面我们就来试一试：

找出这些单词中包含的成语。

1）THOUGHT	BUT 2）THOUGHT

这道题有点难，不过，如果你有识别规律的思维才干，答案还是可以想出来的：

"But on second thought"（转念一想）。

第3章
第一要诀：选拔才干

简单的语言，聪明的思维

现在你已经懂得了技能、知识与天赋才干的区别，你就可以使用这些术语来解释所有其他描述人类行为的词汇，比如"达标能力"、"习惯"、"态度"和"动机"。目前，我们中的许多人觉得这些词是一个意思。我们习以为常地使用诸如"人际能力"、"技能序列"、"工作习惯"或"核心达标能力"等词语，而几乎不细究它们的真实含义。

这不仅仅是语言词不达意，而且是思维漫不经心。它们把经理引入歧途；使他们浪费宝贵的时间、精力和资金，怀着满腔热情去培训实际上无法培训的行为特点。

让我们仔细看看达标能力、习惯、态度和动机。它们当中哪些属于技能和知识，因而能够在一个人身上改变，哪些属于天赋才干，因而无法改变？

达标能力

"达标能力"是二战时英国军队为培养十全十美的军官而开发的工具。现在，它被许多公司所采纳，用来界定所有经理/领导者都应具备的行为模式。虽然没有人相信世界上有十全十美的经理/领导，但"达标能力"有时确能帮助一家公司思考某项工作所需要的理想的行为模式，因而不无助益。

不过，当你用这个概念时，你必须小心。"达标能力"包括技能、知识和天赋才干。它将不同的特点合为一体，有的可以教会，有的则不能。因此，尽管发明人思路很明晰，但"达标能力"概念往往使所有的人不知所云。经理们经常派员工参加各种培训，旨在学会诸如"战略思维"、"关注细节"或"创新"等"达标能力"。可是这些并不是"达标能力"，而是天赋才干，因而是教不会的。

如果你想用"达标能力"这个概念，那你就必须明确，哪些是可以学会的技能和知识，哪些是无法传授的天赋才干。比如，"实施商业运作与控制"的"达标能力"是一种技能——每个经理都可以通过学习而基本掌握。而"临危不惧"则是天赋才干——你无法教会一个人保持冷静。

习惯

习惯也是一个很容易误导的词。我们被告知，我们的习惯是第二天性。我们还被告知，我们都能改变它并养成新的习惯。同样，这种看法虽然用心良好，但并不准确。大部分习惯是我们的第一天性。大部分习惯是天赋才干。

如果你天生锋芒毕露、善解人意，或喜欢竞争，那么你要改变这些习惯是很困难的。因为它们持之以恒，是你的为人之本。如果认为提高效率的唯一方法是改变一个人的天性，那就可能酿成大错。

第3章
第一要诀：选拔才干

当然这并不是说，你不能改变自己的部分行为。这是可能的。通过长期反思，你可能改变自己的价值观，继而找到一种更积极和有效地发挥自身特长的方式。你可能选择突出发挥某一种天赋才干。你可能将你的各种才干与一些相关技能相结合。你可能学会接受自己独特的才干组合，继而增强自信心和安全感。所以你其实有很多地方可以改变。

但无论你怎么做，此举的妙处在于它通过自我了解而不是自我否定，来帮助你提高效率。虽然你的某些行为可能改变，但是你并未被迫按照别人的模型重塑自身。你只是在培养自身的独特才干。

态度

许多经理声称，他们选人重在态度——积极的态度、团队合作的态度和服务至上的态度。他们这么做是对的，因为一个人的基本态度是其"过滤器"的一部分。态度是一个人的高速公路与荒原的独特组合相互作用的结果。他的态度就是才干。

他可能怀疑一切，也可能信任别人。他可能乐观豁达，也可能不满现状。他可能乐于实践，也可能因循守旧。你很难说其中谁对谁错。其中哪一条也不会阻止一个人在某个职位上出类拔萃。比如，一个不满于现状的人由于其不满，有可能成为一名成功的企业家。而一个惯于怀疑的人可以在法律、警察或调查部门做得很出色，因为在那里健康的怀疑态度是工作的前提。

但是所有这些态度构成一个人贯穿始终的思维、感觉或行为模式的一部分。经理们可以暂时改变员工的情绪，但要改变一个人的基本态度却难之又难。正如一家大型咨询公司的经理米克·K所说："当我发现需要对一个人反复强调'多看事情的光明面'时，我就应当领悟到，这个人惯于不看光明面，而只看黑暗面。我就应当停止浪费时间，转而帮他寻找一份需要怀疑论的工作。"

动力

许多经理都能区分才干与动力。他们经常告诫别人："你瞧，你很有才干，但你必须好好干，否则你的才干就浪费了。"

这种忠告听起来很有用，至少它是出于好意，但是它却犯了根本性的错误。一个人的动力是不能改变的。他做事的动力是由他的精神"过滤器"决定的，是由他大脑中信号高速公路的配置决定的。事实上，他的动力就是他的天赋才干。

就拿"竞争"这个奋斗才干来说吧。有些人具备一条四车道的竞争"高速公路"。你给他一张得分表，他就会下意识地用它来衡量自己和别人的业绩。他们喜欢得分表，因为有了测量才有比较，有了比较才有竞争。

可是在竞争方面仅有一片荒漠的人看到得分表却无动于衷。

第 3 章
第一要诀：选拔才干

把自己放在一个公平的赛场上，竭尽全力与对手竞争，并且取胜，这一切对于他毫无意义。他们如此自我辩解："我不喜欢竞争，我更愿意双赢。"或来一句老生常谈："我更愿意与自己竞争。"然而，这些解释仅仅说明，他们的"过滤器"在不遗余力地自我粉饰。

事实是他们不爱竞争。这里并没有对与错，而只说明他们是怎样的人。对此，无论他们自己或作为经理的你都难以改变。

同样，有些人具有持续成就的"高速公路"，即我们称为"成就"的奋斗才干。他们未必渴望去赢，但有一种强烈的欲望，要每天都达到某种有形的成就。对这样的人来说，关键在于"每一天"。在他们眼中，无论工作日，周末或假期，每天都一样，都是从零开始。他们必须在一天结束时取得一些可以量化的成果，如此才能感觉良好。这种燃烧的火焰也许随着夜的临近而慢慢减弱，但第二天清晨又会复燃，激励他们寻找新的进攻目标。他们就是有名的"自己上发条的人"。

并不是所有的职位都需要员工具备这种成就的奋斗才干。比如，护士不用从内心产生其所有动力，相反，她们需要体贴而有效地回应病人们每天的紧急需要。对于护士来说，我们称为"使命"的利他的奋斗才干比成就重要得多。但是如果你所管理的职位的确需要成就才干，如保险代理，药品推销员，或其他任何要求员工积极主动，而不是被动应付的职位，那就请记住，你必须选对才干。因为如果一个人自身没有那种烈火般的愿望，你是不可能为他点燃的。

这个道理适用于每一种奋斗才干：服务的欲望，表演的欲望，被人视为胜任的欲望，帮助他人进步的欲望，等等。所有这些都是才干，因而具有与其他才干相同的特性。即是说，他们是每个人的精神过滤器的一部分，因人而异，持之以恒。

一个经理永远不可能向其他人注入动力。他所能做的是识别每个员工在奋斗方面的四车道"高速公路"，然后全力培育它们。

在描述人的行为时，我们建议你严格区分技能、知识和天赋才干。在使用"习惯"或"达标能力"的概念时，须慎之又慎——它们往往漫不经心，鱼龙混杂。同样，当你使用"动力"和"态度"的概念时，也要小心。切记，一个人的动力和他的基本态度都是才干，因此很难改变。当你重复要求一个人"态度积极一点"时，你就要小心了。也许你正要他做一件他永远也无法做到的事。

这一切并不是说，一个人不可能改变。每个人都能改变。每个人都能学习。每个人都能有所进步。关于技能、知识和天赋才干的说法旨在帮助经理们判断哪些方面能彻底改变，哪些却不能。

打破那些管理神话
——用才干的眼光看世界

优秀经理们根据其信奉的道理,加上科学的最新证明,现在能够打破两个最流行的管理神话。

神话一:天赋才干是罕见而特殊的

天赋才干并没有什么特殊之处。如果才干不过是贯穿始终的思维、感觉或行为模式,那么才干实际上就是很普通的东西。每个人都有某种贯穿始终的行为模式。没有人可以声称他们创造了这些才干。天赋才干是与生俱来的,正如生物学家罗伯特·阿德里所言,是"染色体碰撞的产物"。不过,每个人可以也应该培育其独特的才干组合。

帮助员工培育才干组合的最好方法是为他们找到能发挥这些才干的工作。找到这份工作的员工是特殊的人。他们天生就能做好别人愿意雇他们去做的工作。因此,我们把这些人称作"有才"。

举护士为例。盖洛普与一家大型医疗公司合作,研究了一些世界上最优秀的护士。在研究过程中,我们请一组优秀的护士和一组不太优秀的护士分别给相同的一百位病人做同样的注射。尽管注射程序完全相同，但病人们声称，与一般护士相比，最优秀的护士打针不那么疼。为什么呢？优秀护士怎样减少病人的疼痛？是她们进针的技术特殊吗？还是她们在消毒时手按得更用力，或使用更软的棉签？

显然都不是。关键差别在于针头刺入皮肤前的一刻，护士对病人说的话。一般的护士只是轻描淡写地说一句："别担心，一点都不疼的。"接着例行公事地一抖腕把针头扎进去。

最优秀的护士做法完全不同。她们注射时与其他护士一样熟练，但她们在进针前会非常仔细地作铺垫。"会有点疼哟"，她们实话实说，"不过别担心，我会尽量轻一点的。"

最优秀的护士天生就有一种我们称为"体谅"的交往才干。她们知道打针疼，所以用各自不同的方式对病人明言以告。有趣的是，讲实话反而减轻了病人的疼痛。病人们觉得，护士在某种程度上似乎与他们一起在经历打针的过程。护士和他们站在一边，与他们心心相印。因此，当针刺破皮肤时，好像没有想象中那么疼了。

"体谅"的交往才干本身并不特别。许多人具备这种才干，并且在生活中处处运用它。但具备体谅才干并当护士的人是特殊的。她们善于分担病人的疼痛。她们"有才"。

相同道理，有些人酷爱冒险。这是一种奋斗的才干，本身并

第3章
第一要诀：选拔才干

无好坏，尽管它会使某些貌似平常的人为了寻求刺激而从飞机上跳下去或与大白鲨一起游泳。但是，如果这些人成为麻醉师或外科医生，那么他们爱冒险的"高速公路"就会成为他们的职业优势。对他们来说，人命关天的职业性质不是一种负担，而是一种激励。这些人是特殊的。他们"有才"。

这同样适用于那些善于记名字或长相的人。有这种才干很好，而一个宾馆门童如果具备这种才干就堪称宝贝了。

在上述所有情况中，具有某种才干本身是不足为奇的。难得的是一个人的才干与其所做的工作相匹配。如同表演艺术，精彩表演的秘诀在于选对演员。

当然，在当今高度分工的商业界，把个人才干与工作相配比以前更难了。现在，只说"此人敢说敢干，我要雇他做销售"已经不够了。你必须熟知要他做哪一类的销售。比如说，如同许多销售工作，你如果想成为 **IBM** 的优秀销售员，就必须愿意去尽力达到成交，这是一种奋斗才干；你还必须知道什么时候和用什么方式成交，而这是一种交往才干。这些才干对于一个人的职业成功是至关重要的。

但是，如果你是医药大王默克公司的销售代表，你最好不具备这些才干，因为你根本不会有机会用它们。你很快会对工作感到一筹莫展。药品销售的关键在于增强你对医生或HMO[1]康复中心的影响，这样慢慢地他们就会用你的药开处方。所以药品销售的成功主要取决于销售代表的耐心和影响力，而几乎与成交的才干无关。

作为经理，你的工作不是教会人们某种才干，而是帮他们找到与其才干相配的职位，继而成为"有才"的人。要做好这一点，你必须密切关注不同职位之间细微而重要的差别。

神话二：有些工作太简单了，根本用不着才干

著名的管理理论家奥斯卡·怀尔德曾说过："当两个人同时看到一个真理时，真理就不再是真理了。"

虽然，使怀尔德先生名声大噪的是他的机智，而不是管理理论，但每一位经理都应记住他的这句话。尽管怀尔德先生的话说得过于极端，但他想要表达的意思是，唯一的真理就是你自己的真理。你眼中的世界只有你一个人才能看到。什么使你兴奋，什么使你厌恶，什么增强你，什么削弱你，都属于你所独有而无人能够分享的模式。因此，正如怀尔德先生所说，两个人不可能感悟同一个"真理"，因为每个人的视角都与众不同。

1　HMO（Health Maintenance Organization）：美国医疗互助组织。（译者注）

第 3 章
第一要诀：选拔才干

这既是好事也是坏事。说它好是因为你有自己独特的过滤器；说它坏是因为你从根本上无法了解任何其他人的观点。真正的个性是孤独的。

应付这种孤独的一个方法就是假定别人做事的许多前提与你相同。也就是说，你的理想、感情和好恶都不是特别的或与众不同的。它们很"正常"，所以你也是"一般人"。静下心来想一想，你会承认，各人都有自己的观点；但在日常生活中，你却更愿意认为所有人都与你看法相同。

当然，这是一种大而化之的说法。有些人，特别是善于体谅别人的人，就善于换位思考。可是在工作中这种观点常常被广泛接受。比如，经理们普遍认为清理房间或电话销售之类的工作是低级的。他们会问："谁愿意干这种工作？干这活简直让人抬不起头来。"由于误认为每个人都有与他们相同的"过滤器"，他们便得出两个错误的结论：第一，所有人经过正确的培训都会把这些工作做好；第二，所有人，无论他是谁，都希望自己尽早晋升，脱离苦海。他们从良好的动机出发，把这类工作定为"入门"级，并据此设计职业道路和薪酬计划，其对优秀员工的奖励就是及早把他从这份"苦差事"中提拔出来。

优秀经理不认为他们的"过滤器"与别人相同。相反，在选人做一件工作时，他们遵循一个信念，那就是，总有人天生能把这工作做好，并获得持久的满足感。盖洛普的研究证实了这一信念。让我们来看看酒店清洁工的例子。

我们中大部分人从没有考虑过清理房间的细节。但是你不妨站在清洁工的一边想一想，他们日常都做什么和怎样做。

好，也许你会有两个念头：第一，这是件简单的工作，任何人有一点责任心都能做；第二，这是个让人厌恶的工作，任何人，包括清洁工本人，都会讨厌它。

如果你真的这么想，你就两点都错了。

我们不该轻视清洁工。也许每个人都能偶尔把一间酒店客房打扫干净，但是优秀的清洁工是不平凡的。每一天，当他们把一间客房打扫干净后，都知道第二天屋里又会被到处乱扔的毛巾、洗漱用具和被单弄得不堪入目。就是那个没完没了地推着巨石上山的西西弗斯[1]也会对这样的工作感到厌倦。可是优秀的清洁工从不厌倦，而是越干越强。面对沉重的工作负荷，他们毫不退缩。相反，他们觉得很过瘾。对他们来说，他们的工作是在考验他们的责任心和创造力，要求他们每天都取得一些有形的成效。他们愿意走进他们分管的房间，整理它们，战胜它们，并且从中得到力量和满足。

1　西西弗斯：古希腊时的暴君，死后堕入地狱，被罚推石上山，但石头在接近山顶时就滚下，于是再推。如此循环往复。（译者注）

第3章
第一要诀:选拔才干

所有这些是因为优秀的清洁工有一套独特的才干。这听起来很别扭吗?下面的例子会告诉你要做一个优秀的清洁工需要哪些才干。

盖洛普曾受一家大型娱乐公司的委托,帮他们寻找更多的优秀清洁工。这家公司已经意识到清洁工是多么特殊。这家公司是以优质服务而扬名全球的,拥有一万五千多间酒店客房,由三千多名清洁工负责打扫。为了保持他们的领先地位,他们想了解最优秀的清洁工优秀的秘诀。

在一个圆桌会议厅,我们邀请了八名在这个公司做得最出色的清洁工。他们当中有的很害羞,被问及他们的工作时显得有些窘迫。有的则完全放松,用英语、海地克里奥尔语或葡萄牙语与我们交谈。他们中间有一人只在酒店工作了十八个月,而另一位则在相同的地点工作了二十三年。他们的种族、性别和年龄都不同,但都是优秀清洁工。

我们鼓励他们谈自己的工作,试图寻找他们有什么共同之处。

"你觉得一个房间怎样就算干净了?"我们问道。他们说,他们离开房间做的最后一件事是躺在床上,打开吊扇。

"为什么?"

"因为这是客人外出一整天后进房间做的第一件事。他们走进房间,一头栽在床上,然后打开吊扇。如果有灰尘掉下来,那么无论其他角落有多干净,客人也会觉得这屋子和掉灰的吊扇一样脏。"

当我们问他们觉得自己的工作属于第一线还是第二线时(不少酒店认为清洁工是二线人员),他们操着不同的语言异口同声地说:"第一线。我总是在台上,每天都如此。"

"为什么你们说在台上?"

"因为我们在为客人表演。只要客人们不反对,我们就变换孩子们留在床上的玩具的位置,并且每天用它们来组合一个场景。比如说,我们会把小熊和小猪放在枕头上,把小熊的手放在糖果盒里,而小猪的一只手在操纵电视遥控器。孩子们回来以后,他们可以想象小熊和小猪一天都在床上玩,一边吃零食,一边看电视。第二天,他们又会发现唐老鸭和古菲狗在窗台上跳舞。我们在表演。"

这八位优秀清洁工不仅比别人更努力工作,也不仅比别人更为自己的工作而骄傲,更重要的是,他们有天赋才干。他们都有一个特殊的"过滤器"。通过这个"过滤器",酒店客房不再是等待完成的杂活儿,而变成了一个个客人的世界。他们打扫房间时,用客人的眼光审视四周,想象他们的世界应该是什么样子。恰到好处地布置客人的世界给他们以力量和满足。

没有人告诉过他们应该这样做,但是由于某种原因,他们的

"过滤器"推动他们这么做,并从自己的劳动成果中获得持久的满足。这些人很可能是世界顶级的清洁工。

他们的经理们知道,对这些清洁工中的迈克尔·乔丹们的最好奖励并不一定是晋升。他们通过其他方式来奖励这些超级明星,例如更有针对性的表扬,更优厚的薪酬,以及更严格的选拔标准,等等。由于深知优秀清洁工们具有独特才干,优秀经理们尽最大的努力使优秀清洁工受到尊敬,并使清洁工成为真正的职业选择。

在优秀经理眼中,每个工作岗位上的出色表现都值得尊敬,行行出状元。

优秀经理怎样找到才干
——选拔最合适的天赋才干

即使你知道要选拔才干,识别具有所需才干的人往往不是件容易的事。

第一,许多人不知道他们自身具有什么样的天赋才干。他们也许是各自领域的专家,可一旦问起他们自身的独特才干,他们就卡壳了。正如管理学的老前辈彼得·德鲁克所说:"即使在今天,大部分美国人都不愿自主选择工作。如果你问他们,'你哪方面擅长，哪方面欠缺？'他们会愣愣地看着你答不上来。或者文不对题地谈论自己的专业知识。"

这种模糊概念是可以理解的。你的技能和知识相对来说容易了解。因为你要花时间学习才能获得它们。因此它们线条分明，易于区别。它们不等于你。而你的天赋才干呢？你的才干是你贯穿始终的行为模式。它们才是你的为人之本。你必须具备一种罕见的客观意识，才能跳出自身的主观限制，识别使你成为你的独特模式。

第二，当一个人申请一份工作时，他自然希望给人留下好印象。因此他会尽力美化自己所了解的那一小部分行为模式。在面试中，他说自己"当机立断"，而不"咄咄逼人"；"雄心勃勃"，而不"盛气凌人"。许多情况下这并不是他故意制造假象。他只是尽力把自己描述得优秀一些。但不论他的真正目的是什么，他本能地粉饰自己，给你挖掘人才的工作增加了许多难度。

这些阻挠你选拔才干的障碍处处可见。人性决定了人们了解自身总会困难重重，并且总会在求职面试中尽力推销自己。尽管有这些障碍，优秀经理在选拔具有所需才干的员工上，仍比他们的同事们出色得多。他们发明了一些绕开障碍的技巧，继而实现员工与工作的匹配。

第3章
第一要诀：选拔才干

知道要寻找什么样的天赋才干

90年代初期，盖洛普开始与美国两家最大的股票零售公司合作。两家公司都希望我们帮助他们挑选股票经纪人。而且他们给股票经纪人下的定义完全一样——股票经纪人不是资金管理人，仅仅从事财务分析和挑选股票，股票经纪人应该是资金聚集者，他们的任务在于发现有实力的潜在客户，并说服他们通过本公司投资。他们属于销售人员。

尽管定义一样，两家公司却有着不同的组织形式。一家异常规范有序。每个经纪人需用几个月的时间，学习如何推销经过精心包装的统一产品；此外，还须定期补习，以确保不偏离公司宗旨。

相比之下，另一家公司完全放任自流。持证经纪人被告知："这里有一部电话，一本电话号码簿。我希望明年这个时候有五十万美元的资产归你管理。祝你好运。"

两种策略各有优点。事实证明，两种策略都很成功。实施两个策略所需要的人才却不同。虽然工作头衔都是股票经纪人，工作目标也都是"敛财"，两家公司对才干的要求却截然不同。

规范有序的公司最需要的才干是成就，即发自内心的强烈冲动。在频繁监管的环境中，其他的奋斗才干，如"独立性"，反而成了弱点。最重要的思维才干是"纪律"，即在一个严加管束的环境下工作的能力。其他一些思维才干，如"专注"和"战略思维"，就不那么重要，因为决定方向和挑选路径的是公司，而不是经纪人。任何一个希望自行其是的经纪人很快就会在公司内碰壁。他注定会失败。

而在放任自流的公司，情况正相反。那里最需要的奋斗才干是"追求"，即对独立的渴望；最重要的思维才干是"专注"，即善于从电话簿中寻找真正有潜能的客户，并从众多候选人中筛选打电话的对象。如果一个经纪人不幸没有这些才干，他就会像一个循规蹈矩的公司职员，被放到一个完全自主的工作环境中，感到失落和孤独。

一个"追求"和"专注"才干突出的经纪人并不一定比一个"成就"和"纪律"才干突出的经纪人更优秀。但他肯定更适于放任自流的公司。同样，具有"成就"和"纪律"才干的经纪人更适于规范有序的公司。如果不知道这一点，那么两家公司就可能雇来对方的人才，其后果可畏。

作为经理，你必须了解你需要什么样的天赋才干。要识别这些天赋才干，你必须使眼光超越工作头衔与描述。你应思考公司的文化。你的公司用得分来推动业绩，并把得分最高的人树为典范吗？如果是这样，你就应寻找"竞争"这种奋斗才干。也许，你的公司强调工作的内在目的，并且奖励以实际行动实现公司

第3章
第一要诀：选拔才干

价值的员工。如果是这样，你就应寻找有"使命"这种奋斗才干的人，他们能看到更大的目标，并且看到他们个人的努力是这个大目标的一部分。

想一想公司如何对员工提出要求，以及如何指导和管理他。想一想你作为经理有什么特点，什么样的人与你珠联璧合。你是否更喜欢制定短期目标，并且习惯定期与每个员工交流，以监测他们的点滴进步？若如此，你就应该挑选循规蹈矩、注重细节和定期沟通的人做你的直接部下，他们都有"纪律"这种思维才干。也许你作为经理更愿意尽量放权，由你来制定远期目标，然后期待员工自行寻找达到目标的路径，而不需要你过多指点？若如此，你的直接下属就应具有"专注"这一思维才干，像我们在前面章节描述的那样。

想一想团队的其他人。想一想这个员工必须融入的整体工作环境。也许这个团队的成员都非常踏实而严肃，他们需要戏剧性和兴奋点。那你就应该找一个有"鼓动"的交往才干的人，为点滴进步和成绩注入戏剧性。也许你的团队成员都很友善，但缺少说出真相并坦然面对的勇气，那你就应该找一个能力排众议，敢于领导别人的人。如此，你的团队中至少有一个人敢于把无论多么敏感的话题都摆到桌面上来。也许你的公司有一个强大的人力资源部，能向你的经理们提供每一名下属的优势和弱点的反馈。

若如此，你在挑选经理时，就不必在意他们是否具有个别化认知这一交往才干，即识别和发挥每个人的特长的能力。也许你的公司并不能向你提供任何人力资源方面的帮助，那么你在挑选经理时就应刻意寻找某些交往才干，例如"个别化认知"，"交往"（即建立持久关系的才干）或"伯乐"（即帮助别人进步并从中获得满足的才干）。

考虑这么多变量是非常累人的。所以最好对它们进行简化和归纳。在奋斗、思维和交往这三类才干中，各选择一个最重要的才干。用这三个才干作为选拔的基础，在面试中提与之相关的问题。向别人了解求职者情况时，也提到它们。无论求职者的简历写得如何动听，都不要轻易降低要求。

研究你的明星员工

你如果想确保自己对三个基本才干的选择准确无误，就应该研究一个职位上的明星员工。这话听来理所当然，可是要知道：传统智慧与这恰恰相反。

传统智慧断言，"好"是"差"的反面；如果你想了解"优秀"，你就应剖析"失败"，然后反其道而行之。在生活中，我们把健康定义为"没病"。在学校里，我们通过与孩子们谈论毒品来了解怎样使他们远离毒品，通过调查辍学来了解怎样降低辍学率。

第3章
第一要诀：选拔才干

在工作世界中，这种对病态的痴迷同样四处泛滥。经理们对服务失败的关注远甚于服务成功。而且他们中的许多人仍把"优秀"定义为"零出错"。

在如何理解才干上，这种病态的出发点使许多经理完全错误地判断做好一件工作的主要条件。例如，许多经理认为，既然不称职的销售人员不爱打电话，那么优秀销售员一定喜欢打电话；或者，既然糟糕的服务员的失败在于固执己见，那么优秀服务员就一定守口如瓶。

请你务必摒弃病态出发点。你不能通过剖析失败，然后走相反的路，来推论优秀。为什么？因为成功与失败者经常惊人地类似。只有一般的人才会例外。

举个例子，通过研究最成功的销售人员，优秀经理了解到，最成功的销售员与最糟糕的销售员一样，都不愿意打电话。很显然，这两种人都觉得打电话给客户实际是在推销自己。成功销售员对销售过程进行个人投入，而正是这一奋斗才干使他有过人的说服力。可这也决定了他把客户的拒绝看得特别重。每当他向客户推销产品时，他都会感到一阵恐惧，生怕客户对他说不，拒绝他。

在销售上，成功与失败的唯一区别在于优秀销售员并不被内心的恐惧所摧毁。他们有另一种交往才干，即"抗争"的才干，这使他们敢于据理力争，变潜在客户的抵制为接受，并以此为乐。虽然每一天他们打电话都发怵，可他们的"抗争"才干总能使他们克服障碍。他们对争辩的热爱压过了对个人被拒的恐惧。

由于没有这种抗争的才干，失败的销售员在内心恐惧的支配下裹足不前。

而一般的销售员对此却毫无感觉。他们只是按部就班地根据课上教的六个步骤去做，然后期望有好的结果发生。

通过研究他们的明星员工，优秀经理们推翻了其他许多流传已久的错误观念。例如，他们发现，最棒的服务员与最糟的服务员一样，都固执己见。他们之间的区别在于，优秀服务员善于根据自己迅速形成的观点去适应各桌顾客的不同需求，而最糟的服务员则粗暴无礼。相比之下，一般的服务员没有自己的观点，所以对每一桌客人都是老一套的夸夸其谈。

与传统观点相反，优秀护士善于与病人之间建立真挚的感情关系——最棒的护士与最糟的护士之间的区别在于，前者善于用自身情感来控制局面和安慰病人，而后者则完全感情用事。那么一般的护士呢？一般的护士通过与病人保持距离来保护自己。他们对一切都无动于衷。

优秀经理建议我们花时间了解手下的明星员工。了解他们成功的原因和方式，了解他们的为人，然后挑选与之相似的才干。

第3章
第一要诀：选拔才干

说到底，挑选才干的大部分诀窍在于面试。许多经理已经知道面试中最容易犯的错误，比如对候选人过分加压，以貌取人，过早下结论，等等。避免这些错误显然为进行面试提供了基础。

但是如果你想真正掌握面试的艺术，以上这些还不够。在第七章中我们将具体描述帮助优秀经理准确选拔才干的各种面试技巧。

约翰·伍德恩谈天赋才干的重要性

选拔才干是经理的首要职责。如果他不能找到具有所需才干的人，那么他帮助他们成长的一切努力都将白费，就像阳光照在荒地上一样。加州大学洛杉矶分校的传奇教练约翰·伍德恩说得更实际：

> "无论你怎样分析教练的成功之道，说到底，一切都能归结到一个因素——才干。也许在篮球界、足球界或任何比赛项目有上百个优秀教练，他们仅仅因为没有遇到有才干的运动员而永远出不了名。尽管不是所有教练都能靠天才而百战百胜，但没有天才任何教练也赢不了比赛。"

我们从优秀经理那里听到的所有的话都证明约翰·伍德恩教练是对的。使约翰·伍德恩大获成功的不仅仅是他队中的明星，还有他在队中创造的使明星大展身手的环境。毕竟，天赋才干是潜在的。这种潜力不可能在真空中变为成就。优秀人才需要优秀经理来帮助他们变才干为业绩。

选拔才干只是管理四大要诀中的第一步。在后续章节中，我们将逐一讲述其他要诀，并描述优秀经理是如何指导、奖励和培育他们所精心挑选的才干的。

第4章 第二要诀：界定结果

First,
Break All the Rules

- 为什么管理人那么难
- 为什么多数经理力图控制员工
- 优秀经理如何用工作步骤来推动业绩
- 怎样界定正确的结果

为什么管理人那么难
——瞄准正确的结果

"我负责这个学区的所有教学质量。可是每天,在每间教室都有一位教师给很多学生上课……而教室的门是关着的。"

格里·C是一个大型公立学区的负责人,他的话完美地概括了经理面对的挑战:当你不在现场指挥时,你怎么让别人做你希望他们做的事?格里与所有优秀经理都知道:作为经理,你也许认为你大权在握,指挥若定,其实不然。你实际上并不能完全控制你的部下。每一个员工都能决定自己做什么,不做什么。他可以决定什么时候,以什么方式和与谁合作做某件工作。不管他的出发点是好是坏,他都是自己行为的主宰。

可你不是。你不能让任何事情发生。你所能做的只是影响、

第4章
第二要诀：界定结果

激励、训斥或诱导，以求你的员工做你要求他们做的事。这不是控制，而是遥控。尽管如此，你仍需要对团队的表现负全责。

使你的处境更困难的，是天生就凌乱无形的人性。无论你如何精心挑选某种才干，每一个员工都有他自己的风格、需求和动机。这种多样化本身并没什么不好——正相反，如果你的团队中每个人看事物的角度都略有不同，往往是件好事。但是这种多样化的确给你的管理带来很大难度，因为你不仅要通过遥控管理，而且还要考虑到你的员工对你的信号会作出不同的反应，这种不同虽然微小，却十分重要。

说实话，优秀经理的处境往往最棘手。他的两大信念使他左右为难。首先，如我们在第二章中所述，优秀经理认为人的本性难移。他们知道，不能强迫员工用完全相同的方式做一件工作。他们也知道，不可能任意改变每个人的独特风格、需求和动机。

其次，优秀经理认为，公司或组织生存的唯一目的是业绩，即能为内部或外部顾客带来益处的结果。在他们看来，经理的基本职责不是帮助员工成长，也不是创造一个环境让每一个人感到不凡和特殊。这些是有价值的工作方式，但不是目的。目的在于推动员工创造业绩。而经理应该百分之百地对此负责。正因为如此，优秀经理不愿意完全向员工放权。让每个人自行其是固然能使团队的所有员工充分实现自我，但团队自身并不一定有效率。

于是他们陷入了两难：一方面，经理必须保持控制，并推动员工创造业绩；另一方面，他的信条告诉他，不能强迫每个人用同一种方式工作。

两难局面有一个漂亮而有效的解决方案：界定正确的结果，然后让每个员工自行寻找达到这些结果的途径。

这个方案看似简单。但只要你仔细琢磨，就会发现它的威力。

第一，它解决了优秀经理的两难处境。他的两个基本信条——人与人天生不同和经理必须要求每个员工取得相同业绩——不再相互矛盾了。它们现在一致了。实际上它们相互交织，密不可分。后者使他得以发挥前者。要使员工创造业绩，他必须界定正确的结果，并紧抓不放。只要他这样做了，只要他设定了统一的结果，他就避免了他深知横竖做不到的事：迫使每个人沿着同一条道路达到目标。统一规定目标使他避免了统一规定途径。

如果一名校长关注学生们的成绩和排名，他就不必浪费时间去检查他们的课程表或课堂秩序。如果一名饭店经理能够测量前台接待的客户评语和回头客的数量，他就不必监测他们是否严格按照接待守则工作。如果销售经理能够明确界定对手下销售员的

第4章
第二要诀：界定结果

具体要求，他就不必关注他们是否认真填写访客单。

第二，这种方案出奇地有效。在现实世界里，从A点到B点的捷径通常并不是一条直线，而始终是一条阻力最小的路线。同样，将才干化为绩效的最有效的方法就是帮助员工找到对他来说阻力最小的达标途径。

由于盯准正确的结果，优秀销售经理就能抵御诱惑，避免用固定的模式来修正每个人的销售风格。相反，他允许每个人有其独特的销售方式，并协助清除路障，从而顺利达到目标。如果一名销售员取得定单靠的是良好的客户关系，另一人靠专业知识与关注细节，第三人靠说服，那么优秀销售经理就无须干预——只要他们能完成订单。

第三，这种方案鼓励员工负责。优秀经理希望每个员工都感到一种压力，一种取得成绩的压力。界定正确的结果可以产生这种压力。通过界定并测量需要达到的结果，优秀经理创造一种环境，使每个员工都能感觉到一种压力带来的兴奋，一种明确目标，跃跃欲试的兴奋。这种环境可以激励有才干的员工，同时吓走那些"在职退休"的家伙。同时，这还是一种迫使每个人学习的环境。他／她必须学会根据自身特点来组合工作方式，必须学会怎样应对压力，怎样与人建立信任关系，怎样集中精力，怎样以及何时休息。总之，他必须找到对他阻力最小的路径。

界定正确的结果确实对员工的要求很高，但恐怕没有更好的办法来培养员工的自我意识和独立的工作能力。

为什么多数经理力图控制员工
——诱惑的误区

既然界定结果而不规定方法这么完美和有效，为什么没有更多的经理照着做呢？为什么面对把才干转化为业绩的挑战，有那么多经理选择了规定工作方式呢？每个经理都有他自己的理由，但说到底，最根本的原因是控制别人实在太有诱惑力了。表面看，这些诱惑不无道理，但是一旦付诸实施，公司就会失去活力，价值下降。

误区一：塑造完人

第一个误区是大家非常熟悉的。

许多经理经常受到一种错误观点的诱惑，那就是干每件工作都有"一个最好的方法"并且可以把它教给每个人。于是他们就派手下的销售员去学习谈判的十大秘诀，然后检查他们是否按规操作，并据此进行个人评估。他们把初露才华的管理人员派去学习成功领导术的"二十大技能"，然后根据他们对每个技能的掌

第4章
第二要诀：界定结果

握来评级。此外，他们还出于好心，鼓励每个员工按照"九大习惯"来"有效率"地生活。

尽管其兴趣领域各有不同，但这些科学的专家们都信奉一个相同的前提，即：每个人的特点都是缺陷。他们说，如果你想要你的员工出成绩，你就必须教他们完美的工作方式，消除他们的缺陷，继而使他完美无缺。

因从事时间和动作研究而闻名的弗雷德里克·泰勒一度被视为"一个最好方法"论之父。然而，尽管竞争激烈，最有影响的"一个最好方法"的专家当推一位名叫莫德尔莱恩·亨特的女士。

在美国教育界，她的名字几乎无人不知。通过研究加利福尼亚州立大学洛杉矶分校附属小学的成功的教学法，她总结出了所谓成功授课的七个基本组成部分：

- ⊙ 第一步：简要复习
- ⊙ 第二步：介绍新课
- ⊙ 第三步：讲解新课
- ⊙ 第四步：示范
- ⊙ 第五步：检查理解程度
- ⊙ 第六步：问答
- ⊙ 第七步：自学

她给每个步骤起了独特的别名（如她把第五步叫作"测深"，

第六步叫作"监督下的实践")。不过她也承认,自己所做的不过是把所有优秀教师的一贯做法加以重新包装而已。并不是说这样做不好。相反,对于每一个希望向优秀同行学习的教师来说,她的分析是极有价值的。

如果她的工作到此为止,她就不会引起这么多注意,所受到的批评也会少得多。不幸的是她没有就此罢休,她停不下来。她确信她的七个步骤不仅仅是对大部分优秀教师教学经验的总结,而且是一个公式,一个严格的公式。任何人只要潜心研究和运用这个公式,都会成为优秀的教师。她对此深信不疑。

"我过去认为教师是天生的,不能后天培养的。但我现在的认识提高了。"她在接受《洛杉矶时报》采访时声称,"我看到平庸的老师变成了天才。"

她的所言确实值得怀疑,但是既然她确信她的七个步骤能"变庸才为天才",那她能不能改造整个教育体系呢?她能不能为教师、学生和家长创造一个更好的世界呢?她心目中的回答是:她能。她要完成一个使命。

从60年代后期直到1994年她去世,她把七步骤写成书,并制成录像。她马不停蹄地到处演讲。她对校长和行政主管笑脸相迎,传播她的救世之道。她宣布:"在师范学院,我们找到了成功教学所需要的营养元素。我们向教师们展示这些元素,教他们把它们合在一起，做成一份有营养的饭菜。我们培养了一批技艺超群的厨师。"

正如你能想象的那样，这些乐观的大话对于深陷困境的许多教育工作者们不啻是一首甜美的歌曲。上千名学校领导成了她的信徒。他们决定不仅要对教师实施"七步骤"培训，而且要以能否严格照章教学作为考核每个教师的标准。本来，这是对优秀教师教学经验的悉心研究，现在却变成了每一个教师都必须遵守的教条。今天，数十万名教师受过"莫德尔莱恩·亨特方法"的灌输；迄今，仍有十六个州不同程度地要求教师使用她的方法。

不过，时下反对莫德尔莱恩·亨特"科学方法"的浪潮渐涨。有批评家指出，她的研究方法有误。她并未研究过几千名优秀教师，而只研究过她所在加州大学洛杉矶分校附属小学的少数教师。另一些人指出，使用亨特教学法的学区成果平平——从多年结果看，他们的学生成绩并不比普通学区高，甚至某些情况下远低于普通学区。

有些人对莫德尔莱恩·亨特本人颇为宽容："我并不认为莫德尔莱恩本人希望这些事发生。"格里·C校长说："她只想使七步骤成为一种思想，供每个教师融入自身风格。她从未刻意把七步骤变成每个人都要遵守的法则。"

另一些人就不太客气了。另一位校长艾米·F说："我觉得莫德尔莱恩欺骗了我们。我们都喜欢那种按部就班教学的感觉。教师们往往缺乏安全感,而她似乎把教学变成一种科学,一种真正的专业。可我们忘了优秀教学的根本在于区别对待每个孩子。而这是不能培训的。没有什么'七步骤'能让教师知道比利是通过实践来学习,而萨利是通过阅读来学习。这是一种才干。而莫德尔莱恩转移了我们的注意。她使整个教学误入歧途。"

不论别人如何批评,大多数教育工作者都认为:今后十年她的理论仍会广为人知,也许还会被尊奉为对成功教学的真知灼见,但不会像现在这样被当成金科玉律。

这虽然是教育领域的例子,却可以引申到任何行业。任何推行"一个最好方法"的努力都是注定要失败的。首先,它低效——"一个最好方法"必然与每个人与众不同的、已经定型的"四车道高速公路"相抵触;其次,它导致退化——它试图提供所有的答案,继而阻止每一个人完善自己的风格,并为之负责;最后,它扼杀进步——你每制定一条规则,就剥夺了一个选择,而选择及其引起的所有富有启示的反响恰恰是推动进步的燃料。

艾德里安·P是两家成功的汽车专卖店的经理,他这样描述自己的角色:"当一个经理最难的方面是员工做事的方式和自己不一样。但是你一定要习惯这一点。因为如果你强迫他们按你的方式工作,就会有两个后果。第一,他们会很气愤——他们不愿做了；第二，他们产生依赖性——他们不会做了。长远看，两种情况都会伤害利润。"

你在推动员工创造业绩时，千万别要求他们十全十美。尽管这极具诱惑，但你必须抵制它。它是一个假福音。它貌似一剂灵丹妙药，可实际上却是一种疾病，它降低工作的价值，损害员工的尊严，削弱组织的效能。

"通向地狱的道路总是铺满了善意"，也许萧伯纳说这话时心情特别不好。不过关于使人十全十美的种种企图，他倒是一语中的。

误区二：我的员工没有足够的天赋才干

人们很容易觉得有些工作太简单，不需要任何才干来做。酒店客房清洁工、电话销售员和医院服务员都是传统智慧认为"任何人都能干"的工作。

由于受这种智慧的误导，许多经理为这些职位选人时根本不顾及候选人是否具备所需才干，而是谁应聘就雇谁。结果，他们雇了一支完全用错地方的队伍——数千名鄙薄自身工作的员工，其唯一的愿望是尽早离开。陷入困境的经理们只好求助于"管、卡、压"。他们制定了像《圣经》那么厚的工作守则，希望借此把工作简化成"连傻子都能干"。他们的理由是："如果我给员工选择的机会，那他们中很多人就会利用这种自由来做错误的选择。"

面对这种情况，你确实无法指责这些经理们控制员工的要求。如果你不选拔才干，你就不应该给员工自主权。你应该手把手地教他们；你应该监督每个员工的一举一动，确保他们不偏离《守则》一步。这是一种费时的工作方法。它不幸把经理的角色变成了警察。但是为什么要冒险呢？既然你的员工没有经过认真选拔，一旦放松控制，谁知道他们会怎样做呢？

显然，更有效的方式是给以每一种工作充分的尊敬，并且首先做到选对才干。

误区三：信任是珍贵的——你必须赢得它

有的经理即使选对了才干，也会因为骨子里对别人不信任而把事情弄糟。这种不信任可能源于一种内心深处的不安全感，也可能被包装成一种理性的结论——"我认为人类归根结底是自私的，所以大多数人只要认为不会受惩罚，就会偷工减料"。不管其源于何处，由于充满疑心，这些经理极不愿意让每个员工自己寻找创造业绩的途径。

这种经理每每想到有人在耍他们，就坐立不安，唯有借助规章来管束员工。他们用规章编织一张大网来笼罩自己的世界，认定唯有"管、卡、压"才能防止员工天生就会做错的事。

第4章
第二要诀：界定结果

对于多疑的人来说，当经理实在太让人头疼了。"那个员工在捣什么鬼？""肯定没好事。"诸如此类的疑惑和猜忌的确使人身心憔悴。不幸的是，对于这样的经理，无论什么规章制度都无助于他们消除疑心。他们唯一的成功是创造了一种俯首帖耳、亦步亦趋的文化，继而逐步绞杀组织的灵活性和责任心，并且更重要的是，挫伤员工的积极性。

那么信任呢？优秀经理知道，如果你从骨子里不信任员工，那就没有任何可能使他们突然在某个时间变得可信。疑心是关系到将来的。如果你天生怀疑别人的动机，那么无论当事人过去的表现多么优秀，都不能使你确信他们不会使你失望。多疑是一种永久的病症。

不可否认，员工有时真会让你失望。但是优秀经理就像在引言中提到的那个名叫迈克尔的餐馆经理一样，认为那是意外，而不是惯例。他们相信，如果你要求员工创造佳绩，他们通常就会给你佳绩。

生性多疑对于某些工作也许是不可或缺的——比如律师或调查报道，但对于经理这行，它却是致命的。

误区四：有些结果无法界定

许多经理说，他们愿意界定正确的结果，然后让员工选择自己的路径，可问题是他们无法付诸行动。他们说，有些结果是无法界定的。既然你无法界定正确的结果，就只能规定正确的步骤了，这是唯一避免混乱的方法。

某种意义上这种观点是值得同情的。第一，有些结果的确很难界定。销售额、利润，甚至学生的评分都是很容易度量的。但是客户满意度或员工士气则很难量化。可就许多职位而言，这两条对取得佳绩都是至关重要的。第二，如果你不能界定关于"客户满意度"或"员工士气"的结果，那么你仍需要寻找其他方式来强调对客户和员工负责。而界定正确的步骤显然是一个选择。

这种观点固然令人同情，但并不明智。这些经理过早放弃了努力。某些岗位的结果虽然难以界定，但并不等于无法界定。它只说明这些结果并不一目了然，而需要你仔细思考。如果你定心想想，你就会发现即使最无形的表现也可以从结果的角度加以界定。而一旦界定了这些结果，你就不必浪费时间去徒劳无功地强迫每个人用同一种方式为顾客服务或对待员工。

许多公司并没有从员工情感结果——"我们希望我们的员工有这样的感受"——的角度去界定企业文化，而是把"文化"分解成若干步骤——"这就是所有经理／领导者应该做的"。这些步骤通常被称为"达标能力"。

一旦被界定，"达标能力"就为许多公司的大部分工作规定

第4章
第二要诀：界定结果

了统一的重点和语言。新任经理必须学习它们；现任经理由主管、同级和直接下属按照它们进行评估。完美的经理就是达到所有要求的人。当然，每个人都知道，这个完美的经理只是个神话。但是如果你的直接下属认为你在"目光远大"和"临危不乱"方面表现欠佳，你就会忐忑不安。同样，你的上司会警告你，如果来年想拿到百分之百的奖金，就必须在这两方面有所改进。如此，这些"能力"很快就受到高度重视。

所幸的是，优秀经理并不这样做。他们知道不应该事前规定一个经理应该如何一分一秒地与他的员工相处。不应该把公司文化写成条文。首先，这样做是误导的——它引导经理遵守某个"标准"，而他本应寻找适合自己的工作风格。其次，这是做不到的——因为是经理的内在才干而不是他的"达标能力"决定了他每时每刻与员工的相处，而天赋才干是教不会的。

但这并不等于你不必要求经理善待员工。你应该这样要求他，只不过你不应规定他的行动步骤。你可以更有效率地说明你希望员工有哪些感受，然后要求你的经理对此负责。这些情感就成为你的结果。

正如盖洛普发现的那样，通过界定结果来测量"文化"的确不是件容易的事，但值得你为它努力。如果公司把花在界定管理风格上的精力用来界定正确的员工结果，那么所有的人都将受益。

公司会提高效益，人力资源部会更受欢迎，员工会更加信任公司，而经理们终于各得其所了。

优秀经理如何用工作步骤来推动业绩
——四大基本规则

顶级经理们成功避免了以上所有的诱惑。他们知道经理面临的挑战不是使员工十全十美，而是发挥每个人的独特优势。无论工作多么简单，他们都要选拔才干。凡是他们选拔的人才，他们都用人不疑。他们相信，只要思考到位，甚至对"客户满意度"或"员工士气"这样的无形指标都可以界定结果。

然而，这并不是说他们无视步骤。他们仍然需要步骤。经理的一个基本职责就是把才干转化为业绩。某些工作步骤往往是取得业绩的基础。在盖洛普访谈过程中，这些经理们讲述了他们用什么方式和在什么情况下使用工作步骤来推动业绩。以下是指引他们的四大基本规则。

基本规则一：确保严格实施步骤

涉及准确和安全时，员工必须遵守操作规程。

以银行为例。一个银行有许多功能，但是长远看，只有它为

第4章
第二要诀：界定结果

客户理财做到准确和安全时，客户才觉得它有价值。所以银行每个岗位的基本职责，不管是经纪人、投资顾问，还是接柜员，都是准确和安全地工作。为了让职员们明白"准确"与"安全"的精确定义，银行业制定了一套管理规程，并且每家银行都有自己的内部规章制度。这不仅仅是他们工作的一部分，而且是最基础的部分。任何经理如果忘掉这一点，而给员工留下空子钻，他就是拿银行的价值赌博。

巴林银行是一家有两百年历史的英国银行，它的经理们就忘掉了这一点。

1994年下半年，巴林银行新加坡分部的期货部总经理，28岁的尼古拉斯·利森开始在日本股票市场上大额投资，他预计股市看涨。可是他猜错了，股市实际是连连下跌。可是天真的他竟然不断加注，一厢情愿地盼望市场反弹。到了当年的11和12月，他已经赔进了银行的大量资金。

此事本身并不罕见。期货交易员为公司大量赔钱，可谓司空见惯。如果连续赔钱，公司的对策很简单：切断资金供应，解雇交易员，止住亏损，然后将它打入运营成本。

尼古拉斯·利森一案的不同寻常之处在于他的上级对亏空程度一无所知。由于荒唐地滥放权，利森的主管竟然把新加坡分部的前后台控制权都交给了他。这时的利森好比一只看管鸡圈的狐狸,既操作买卖,又管理买卖。公司内没有一个系统来监督利森严格根据规章准确记账和安全投资。这使一些本来就爱铤而走险的年轻人更容易自行其是:以记花账来掩盖激增的亏空。远在伦敦的经理对此毫无觉察,仍源源不断地汇钱来。

1995年1月,利森下了最后的赌注。他认定日经指数该上扬了。他上辈子一定做了一件大坏事,因为就在1月17日,日本神户和大坂两个城市突然爆发了强烈的地震,使日经指数一跌到底。利森输到了家。

到了第二天早晨,巴林一下子亏空超过十三亿美元,比他们的库存现金多约七亿美元。一个月过后,也就是1995年2月27日,巴林银行倒闭了。利森锒铛入狱,四千个工作岗位危在旦夕。两百年历史的银行毁于一旦。

这虽然是一个银行界的故事,但它也完全可能发生在发动机制造,主题公园路线设计,地铁列车运营或潜水训练等行业。所有这些岗位都需要一定的准确度和安全性,因而要求员工遵守某些统一的步骤。优秀经理知道,他们的职责就是确保员工了解并严格实施这些步骤。如果步骤与员工个性相抵触,那就只能牺牲个性。

无限制的放权可能毁掉公司。

第4章
第二要诀：界定结果

基本规则二：一切服从于标准

当步骤是公司或行业标准的一部分时，每个员工必须严格执行。

标准至关重要，不容忽视。我们所谓的"标准"不指道德或伦理标准，而指语言、符号、惯例和尺度。这些是文明社会的 **DNA**。如果不能制定和接受标准，我们就永远也不可能建成今天这样复杂的社会。

与常规想法不同的是，标准有助于创新。以音乐为例，原来并没有正确的方法来设定音符。但是到了16世纪，西欧终于出现了结构分明的音阶体系，并且逐渐成为标准。这个体系被称作"半音阶"，每个八度使用十二个音调，每个音调的音高相差一百度——在钢琴上用七个白键与五个黑键代表。乍听起来，这种规范似乎会束缚作曲家的天才。可事实相反。十二个音调不仅没有约束作曲家的创造力，反而推动了创作。正因为半音阶与规范记录它的五线谱的出现，才迎来了长达两个世纪的人类历史上最辉煌和最有个性的音乐盛世。风格迥异的大师们，如威瓦尔蒂，迈尔斯·戴维斯[1]，斯特拉文斯基，麦当娜，等等，都借助于标准的半音阶来表现他们心中激荡的音乐。

1　迈尔斯·戴维斯（Miles Davis）：美国著名爵士乐手，善吹小号。（译者注）

标准就是人们进行协作和发明的规则。优秀经理知道，要建立一个相互合作和有创造力的组织，就必须要求所有的员工都使用相关的规则。律师必须学习法律案例。空中交通指挥员必须学习标准航空协议。会计必须学习复式记账规则。工程师所设计的产品，必须使用国家标准局的广播站（WWVB）每天二十四小时发出的电流频率。

如果标准在今天很重要，那它的重要性在今后十年中将成倍增加。凯文·凯利在《联线》杂志中这样描述这十年：

> 我们所处时代的最大悖论就是计算机时代已经结束了。单机运行的计算机所能产生的主要结果都已产生。计算机把我们的生活节奏加快了一点，仅此而已。相比之下，现在崭露头角的最有前途的技术主要是计算机之间交流的结果，即是说，应归功于联结，而不是计算。

既然建立网络这样重要，所有的员工都应该配合。正像瑞士的钟表生产者不能自己另设一个时间单位一样，明天的员工也不能创造他自己的标准。举个例子，面对 Sun Microsystem 公司的激烈竞争，微软几乎不允许它的程序员们用对手发明的 Java 语言编制新的软件。再举个非高科技的例子，有了全国通行的标准成绩测试，教师们是不允许根据自身偏好来设定课程的。

这并不是说，未来管理将是死板的和牺牲个性的。而是说，员工们进行创造和表达个性必须通过一个标准媒介。如上所述，不加控制的授权会毁掉一家公司。

基本规则三：莫让形式掩盖内容

唯有在不掩盖所需结果的前提下，规定步骤才是有效的。

马克·B是一家大型咨询公司的经理，他要在下午四点从纽约飞往芝加哥。飞机已离开登机口，缓缓滑向指定跑道。突然，耳机中传来机长的声音："由于天气原因，这段时间里，奥黑尔机场所有飞机原地待命，不得起降。本次航班也许会误点。一有消息我们立即通知各位。"

对一名乘客来说，这无疑是个令人沮丧的坏消息。原地等待比取消航班更糟糕。航班取消你至少明白需要另作安排。可是原地等待，你完全蒙在鼓里，听人摆布。你可能要等五分钟，也可能等两小时。老天爷的脾气说变就变。

于是马克按键叫来乘务员，说："请问我们能不能回到登机口下飞机？"

乘务员肯定不是第一次听到这种请求，所以她马上摇摇头，说："对不起先生，不可以。我们不想失掉排队的位子。再说，谁也说不准什么时候会解除停飞。"

马克苦笑了一下，坐回座位，想找点事干。

由于电脑不让用，又有一百名乘客争抢三部机上电话，马克只能呆呆地朝窗外看。三小时过去了，他还在呆看。他看见大批飞机起飞，可是没有一架飞往芝加哥。马克想，也许时间会使乘务员的态度软化，便招呼她过来，换了一种更有说服力的口吻对她说："你瞧，一下午都过去了。为什么你们不回登机口呢？我们都会很高兴。你们也会高兴——不用面对一飞机发火的乘客。机场也会高兴——我们会到他们的商店和餐馆去消费。把我们送回登机口吧。"

乘务员或许出于同情，弯下身，神神秘秘地低声对马克说："先生，您要知道，我们航空公司考核服务质量的标准之一就是准时起飞。不幸的是，准时起飞是从离开登机口，而不是从收起起落架开始计算的。所以您看，在这种情况下，上边是不会同意我们带着旅客回登机口的。"

说到这，马克再也忍不住了，他哭了。哦，不，马克没哭。但至少他是非常不满意的。

有时，为达到一个目标——上述目标是让顾客满意——而设定的具体步骤实际上竟会背离目标，这就是个典型的例子。事实上，你如果深入调查，就会发现不回登机口还有更重要的理

第4章
第二要诀：界定结果

由：飞机离开登机口后，飞行员和乘务员拿的是比平时高的飞行工资。

当然，许多飞行员会独立思考，并得出结论，眼下旅客的不满比航空公司未来在准时起飞上的得分或他们自己的工资更重要。但是你很难责怪决定停在跑道上等待的人。因为所有的信号都告诉他们，不必顾及最重要的结果——让顾客满意。

如果你环顾四周，就会发现许多例子：原本为达到某种结果而设计的步骤最终竟阻碍了这些结果。在狠抓质量的过程中，许多饭店的预订中心认定，顾客要求饭店人员在电话铃响三次以内接听他们的电话。为此，各项工作被重新定义，部门被调整，薪酬体系被改变，一切都为确保预订部人员做到铃响三次以内接听顾客电话。然而，他们后来发现，顾客对于接听电话的速度并不在意。他们关心的是，饭店人员接听时解决他们的问题，所有的问题。当预订部人员匆匆接听一个电话，然后再接下一个时，顾客觉得被怠慢了。如此，步骤掩盖了结果。

或许，最典型的例子就是背解说词。许多经理似乎认为，确保员工统一服务水准的唯一方法就是教他们背书。

你听过多少次以下这段话的变奏曲？

"欢迎到纽约来，现在大约是当地时间晚上8点06分。为了您和您周围人的安全，请在我们到达登机口之前坐在座位上。在您打开上方行李架时,请您注意安全,因为内存行李可能在飞行途中移动位置。如果纽约是您的最终目的地,欢迎您回家。如果不是,我们祝您一路旅途愉快,直到安全抵达您的目的地。我们知道有众多航空公司供您挑选。我们希望您下次航空出行时能再次光顾我们公司。"

你可能会认为,联邦航空署要求乘务员念这段话。其实不是。航空署只要求乘务员向乘客解释安全带、氧气罩和安全出口的使用方法;如果飞机飞越大面积水域,还须讲解水上撤离的程序。解说词实际上是经理们所写,为的是确保统一的服务水准。一些航空公司要求乘务员一字不差地背它。而另一些公司只把它当作服务要领全部或部分地提供给员工。尽管各公司要求不同,但大都鼓励乘务员念这段话,以对乘客表示关心和爱护。

这实非易事。如果你真想给人关心和爱护,就必须发自内心。如果照本宣科,即使本意再好,也难以说服一名顾客你是真心的,即便你的确是真心。问题并不在于经理为员工准备了台词——所有的员工,特别是新员工,会感激使他们站住脚的各种帮助。问题在于,照本宣科,而不是向乘客传递真情,成为优秀表现的标尺。形式掩盖了内容。

西南航空公司在过去六年中是三大皇冠奖的连续得主:顾客投诉最少,行李装卸最迅速,航班最准时;是专注于内容而非形

第4章
第二要诀：界定结果

式的少数几家航空公司之一。埃伦·P是空中服务培训主任，他说："在西南航空公司，一切活动的核心是'乐趣'。毋庸置疑，安全非常重要：我们所有的乘务员都必须遵守联邦航空署的规定。但是公司的整体目标是为乘客带来乐趣。至于如何实现这个目标，由乘务员自己决定。我们可不希望他们千篇一律。在培训课中，我们向学员提供创意和工具，但他们必须用适合自己的方式来使用它们。比如我们发给每个乘务员一本《逗乐手册》。其中有一章是笑话，一章是五分钟游戏，一章是二十分钟游戏，一章是歌曲。这本小册子里面有很多好点子，启发你如何让乘客感到快乐。可是如果你觉得它们不适合你，你完全可以不用。这听起来确实很简单，但我们培训部的任务就是帮助你用你最好的方式为旅客服务。在西南航空公司，我们反对克隆。"

西南航空公司义无反顾地以乘客欢乐为宗旨，因而允许乘务员用自己的方式来实现这个目标。埃伦说得好："在西南，我相信每个人都被鼓励把颜色涂到线外去。"

基本规则四：规定步骤不一定带来满意结果

规定步骤只能防止不满意。它们并不驱动顾客满意度。

在几乎所有行业中，让顾客满意都是最重要的。你和每一个合格的员工都会尽全力争取越来越多的忠实用户。你希望说服从未用过你的产品或服务的潜在客户,并把他们变为你的支持者。支持者是异常忠实的客户。他们不仅抵制其他品牌的诱惑,而且为你大唱赞歌。这些支持者是你最大的一支不取报酬的销售队伍。他们超过营销、促销,甚至价格,是你持续增长的最大动力。

那么,你怎样去获得这些支持呢?

在过去的二十年中,盖洛普访问了十亿多顾客,试图了解他们到底需要什么。正如你所预料,我们首先发现,顾客的答案因行业而不同。他们对医生和对电缆修理工的需求是不一样的。他们期望与他们的会计建立比附近的杂货店更密切的关系。

可是我们的第二个发现是出人意料的。尽管有上述种种不同,有四种期望在不同行业和不同背景的消费者中却异常相似。这四项期望是分级的,也就是说,唯有低层次的期望被满足后,消费者才会转而关注高层次的期望。下面我们将这四个层次由低到高按序排列,以此说明各公司把潜在客户变成支持者所必须做的事。

第一层:在最低一层,消费者期待**准确**。他们期待饭店提供他们预订的那间客房。他们期待银行报表准确反映他们的收支情况。外出用餐时,他们期望服务员上他们点的菜肴。如果一家公司在准确服务上持续不合格,那么无论员工态度多么友好,顾客都会纷纷离去。

第 4 章
第二要诀：界定结果

第二层：第二层是**便捷**。顾客期待他们喜欢的连锁旅店在很多城市都有不同地点供他们选择。他们期待他们的银行在他们需要办理业务的时候开门营业，并雇佣足够的出纳来减少他们排队等待的时间。他们期待他们喜欢的餐馆就在附近，有足够的车位，有机灵的服务员时刻留意顾客"需要帮助"的眼神。任何公司如果能提供更为便捷的服务，自然就能增加愿意尝试的顾客数量。正因为如此，驾车购物窗口，自动取款机和最近的新玩意儿——网站与日俱增，随处可见。

对这两个低层面的需求有几点说明。一方面，幸运的是，这两层要求都比较容易满足。它们都能通过技术或具体步骤加以解决。

但另一方面，不幸的是，这些解决方案很容易被抄袭。任何一家餐馆如因所处位置方便而获得成功，很快就会发现一大群竞争对手围上来，如法炮制。联邦快递独创的邮件查询系统在很短时间之内就被UPS，Airborne和邮局照搬。而自动取款机现在比比皆是。任何满足这两种低层面需求的方案，不论最初如何新奇，都会很快从竞争优势贬值为大路货。

最后也是最重要的，这两个层面的需求即使满足了，至多是防止客户不满意。如果水电和煤气公司开对了账单，客户是不会面带微笑地大加赞赏。准确是意料中的事。他们唯有在煤气账单大得出奇，几乎与隔壁公寓楼的总数一样多时，才会有所反应。同样，如果电缆维修公司答应在用户方便的时间上门，用户也不会兴高采烈地到处打电话告诉亲朋好友。他们只会长舒一口气，庆幸躲过了生活中常有的一件烦心事。

准确和便捷无疑是至关重要的要求。不能持续满足这两个要求的公司必然衰败。可是仅仅准确和便捷是不够的。你的顾客从潜在顾客到热情拥护者，只走完一半旅程。

以下两个期待将完成全程。它们不仅仅消除不满。如果经常得到满足，这两个期待会产生积极的满意感。如此，它们就把一个偶然的顾客变成你最热心的拥护者。

第三层：在这个层面，顾客期待一种**伙伴关系**。他们希望你倾听和回应他们的意见，让他们觉得你和他们是一家人。

服务业早就意识到这种伙伴关系的重要性。这就是为什么沃尔玛把笑容可掬的老头老太们安排在门口，迎接顾客并记住他们的姓名。这就是为什么航空公司建立忠实乘客俱乐部，并为常客提供特殊服务。这也是为什么录像带出租店专设"职工专柜"，并且挂一牌子"我们和您一样，也爱看录像"。

不过近来，其他行业也开始关注从消费者的角度看世界的重要性。比如，为了实现伙伴关系，Levi's公司给你机会来量身订做牛仔裤。量好你的尺寸后，零售商会把尺寸传递给工厂，由工

第 4 章
第二要诀：界定结果

厂据此为你单做一条与众不同的牛仔裤。

Snapple公司也接受了伙伴观念。为了让他们的目标消费者——大学生多喝Snapple饮料，Snapple公司推出幸运号码中大奖活动。不过，Snapple没有选择现金作为奖品，而是将奖品与年轻消费者最关心的事情相联系。这样，一等奖是"让Snapple为你付一年房租。十二个月共1,000美金"。二等奖是"让Snapple为你负担养车费。十二笔共300美元"。即使小额的一次性奖项也针对青年学生可能的开支。比如100美元的奖项就被设为"让Snapple为你交一个月的电话费"。尽管只有一小部分学生中奖，但Snapple用这种方式向它的每一位年轻消费者传递了同样的信息："Snapple体谅您的艰难。"

无论在服务业、制造业还是包装加工业，大部分公司都开始意识到，如果一名顾客感到被理解，那他就朝真正满意与真心拥护又迈进了一步。

第四层：顾客的最高期待是**"咨询"**。顾客对帮助他们学到新东西的公司或组织感情最深。例如，校友会往往比其他组织都紧密，这不是巧合。但这种对新知识的渴望同样适用于其他所有的行业。大型会计师事务所现在特别注意教客户一些理财知识。家装零售公司HomeDepot在广告中大肆宣传专家上门培训，内容从养花木到抹灰浆，无所不包。网上书商亚马逊公司根据购买同一本书的读者的阅读内容编制了推荐书目提供给顾客，继而不断增加忠实顾客。环顾四周，各不相同的公司都在试图把他们的出纳／销售员／职员变成"顾问"。他们已经意识到，帮助顾客学习能够持续提高顾客的忠实度。

伙伴与咨询是顾客期望的最高层次。如果你能长期满足这两个期望，你就会成功地把潜在的客户转化为积极的支持者。

这话说得固然在理，但是问题在于如何满足这些高层次的期望。答案往往不在于技术或步骤。例如，只有在员工有求必应时，顾客才会产生一种伙伴感。所以，为了满足这一期望，你必须使一线员工根据每个顾客的特点恰到好处地待人接物。而你是不可能把这种能力写成规章制度的。伙伴关系是在现实世界中建立的。它就掌握在员工手中。

咨询期待也是如此。亚马逊也许找到了技术解决方案，但这是特例。大部分学习发生在单个员工与单个顾客之间。意识到这一点，经理们当然可以鼓励他们的员工帮助每个顾客学一些新东西，但教与学是一种非常微妙的互动过程。唯有具备特殊才干的售货员和银行职员，才能寻找恰当的时机和用恰当的方式教育每个顾客。技术可以提供支持，行动步骤可以起到指导作用，但是教与学的过程能否成功发生，最终取决于每时每刻每个员工与每个顾客是怎样交流的。

第4章
第二要诀：界定结果

盖洛普的研究证实了成功经理的直觉。强求员工实施规定步骤只能防止顾客产生不满。如果你的目标是使客户满意和培育支持者，那么仅仅要求员工照章办事是不能保证你达到目标的。相反，你必须选拔具有倾听和教学才干的员工，然后要求他们刻意追求明确的情感结果，例如伙伴或咨询。这虽不易做到，但它确有一大优势。一旦你成功地做到这一点，别人是偷不去的。

所有这些基本规则帮助优秀经理决定一种工作的哪些方面应予规范，而哪些方面应由员工们自己决定。然而，尽管从工作的某些方面看，员工的确需要遵守有关步骤或标准，但优秀经理仍旧强调工作的结果。他们用这些结果来激励、引导和评估他们的员工。结果是关键。

怎样界定正确的结果
——三个准则

关注结果是一回事。思考什么结果是正确的结果却是另一回事。那么，你怎样才能界定正确的结果呢？在你的员工可能做的各种事情中，你怎样判断什么是他们应该做的几件事？

当然，如你所料，我们不可能提供步骤分明的解决方案。首先，透过喧闹而倾听海妖的歌声是要有一定才干的。其次，即使你有这种才干——专注的才干和区分的才干——你也一定会按照自己的独特方式去使用它的。所以，我们能给你的只是从一些世界优秀经理那里获得的几条貌似简单的准则。

准则一：什么对你的顾客有利

这是你要问的第一个问题。无论你怎么想，如果顾客觉得某个结果没价值，那它就是没价值。鉴于这是资本主义的基本原理，因而是一条颇为简明的准则。尽管如此，仍有许多公司或许被自身习惯和专长所陶醉，而忘了顾客才是价值的最终裁判。

我们并不是故意与航空公司作对，但它们的确提供了很有说服力的例子。大部分航空公司都要求乘务员以安全为重。所以机长就会宣布："请记住，乘务员的首要职责是保证您的安全。如果除此以外她们还能使您的飞行更愉快，请尽管告诉她们。"这就是说，乘务员是飞行安全专家，而不是一流的服务员。安全是压倒一切的。其他的事情，如友善或周到的服务都是可有可无的点缀。

在这个问题上，西南航空公司又一次与众不同。他们的乘务员是任何安全措施的专家，但安全并不是他们工作的目标。乐趣才是他们所追求的。他们热情洋溢的总裁赫布·凯莱赫天生就善于体谅乘客的感受。他认识到，航空旅行难免令人疲劳。他也知道，他不可能消除每一个乘客的恐惧和烦躁。他所能做的是鼓励他的每一位员工尽可能地让每次飞行旅途有乐趣。正是为了这个目的才有了歌曲、笑话、游戏，所谓"把颜色涂出线外"。凯莱赫的直觉使每个西南航空公司的员工都专注于正确的结果。

这样的直觉固然很有效，但还有一些更实际的方式来帮你从顾客的角度看问题。例如，负责两家汽车销售店的经理艾德里安·P每两个月就邀请一些新买主座谈。负责设计和修建主题公园的迪斯尼公司的天才设计师们经常到"现场"，和游客们一起排队、交流、坐过山车。

消费者调查则是一种探寻消费者感受的更先进的方式。如果你有时间和兴趣，你可以设计一项调查，来全方位地了解消费者的经验。为了突出那些最重要的方面，你必须找出对消费者整体满意度、推荐和再购买影响最大的问题。盖洛普使用这个技巧，已经帮助很多公司找到了对于其消费者来说至关重要的若干情感结果。

一家大型保险公司希望他们的医生对其服务质量负责。这家保险公司这样做出于很多原因，其中之一就是他们想知道为什么不满意的病人往往住院时间长，投诉频繁，而且死亡率高。对于保险公司来说，这些都是十分重要的考虑。所以，如果他们要求每个医生严格按照一本详细的操作手册行医，也是可以理解的。

可是，他们没有采用这一策略。相反，他们请盖洛普调查病人真正看重的是哪些情感结果。我们发现，如果你觉得医生的医术基本可以信任，那么每次看病时你只看重四件事：

> 1. 你希望等待时间不超过二十分钟。（"便捷"）
>
> 2. 你希望有人关心你。不一定是医生，也可以是接待员或护士。总之要有人真心地关心你。（"伙伴"）
>
> 3. 你希望医生用你能听懂的语言告诉你得了什么病。（"伙伴"）
>
> 4. 你希望医生告诉你怎样在家里保养以便缓解病情。（"咨询"）

如果你对上述所有问题都答"是"，那你就可能当回头客，向别人推荐，而不会频繁投诉或死亡。由于使用这四个情感结果来衡量服务质量，保险公司便能既要求每个医生为服务质量负责，又避免硬性规定具体的行医过程。

准则二：什么对公司有利

要确保你为员工界定的结果与公司的现行策略一致。你可能会觉得这是一句大实话。可是在瞬息万变的现代商业社会中，经

第4章
第二要诀：界定结果

理们要保持这一点有时是很难的。

这里的关键是要区分使命与策略。一家公司的使命应是持之以恒的，如此，无论员工如何更新换代，都有明确的意义和目标。而公司的策略则是为完成使命所使用的方法。它需要根据商业气候不断改变。

例如，迪斯尼公司的使命始终是通过讲述奇妙的故事来启发人们的想象力。过去迪斯尼一直依靠电影与主题公园这两大策略。而今，面对越来越激烈的竞争，他们把业务拓宽到游轮、百老汇演出、游戏盘和零售店。正如迪斯尼研发部高级副总裁布兰·费伦所言："有生命力的公司都必须制定五年计划。但他们必须每年修订这些计划。只有这样公司才能生存。"

虽然这样不断修正策略对公司的健康十分重要，但它增加了经理工作的难度。经理是承上启下的中间人，他们必须向员工解释新的策略，然后将策略转变为明确界定的业绩结果。

这工作往往很简单。例如，你可以告诉销售代表们，鉴于公司的新策略重在扩大市场份额，而不是追求利润，每个人都应以"销售额"为重，而不是"每笔订单的利润率"。

可是有时候策略的变化非常大，迫使经理要求员工关注不同的结果。举例说，过去，许多高科技公司最有效的策略是技术创新。所以，它们有大笔研发预算、大批衣冠不整却富于创造力的软件设计师，以及放任自流的工作氛围。但是最近这些高科技公司的策略发生了变化。对于主导市场的大公司来说，规模——使自己的产品成为标准——现在变得比创新更重要了。创新可以从高度专业的小公司买到。鉴于此，这些大公司需要改变运作模式，确保每个员工全力将公司的新语言、新平台和新产品推向市场。这就要求这些公司的经理们重新界定结果和成功。例如，用户的数量现在就比人均收入更重要了。

当然，有时候策略转变实在太大，以至于无论你如何明确界定新的结果，你的员工都无法达标。在这种情况下，你是无法给员工们换脑的，就像高科技公司试图把软件设计师变为营销人员，银行试图让出纳去做销售一样徒劳无功。你能做的只是在新策略的框架内尽量寻找适合他们才干的职位。如果实在找不到，你就别无选择，只能请这些职员另谋高就了。

准则三：什么对个人有利

丹尼斯·罗德曼基本上可以说是篮球史上的篮板王。此外，他肯定算得上最荒诞离奇的运动员。他的头发每星期都变一次颜色；他喜欢女人的衣服，而且是一个虐待狂；他脾气暴躁，不可预测。你该怎样管理他，使他充分发挥才干，同时抑制他的狂怒？

第4章
第二要诀：界定结果

在前三个赛季，由于罗德曼的各种滋事，芝加哥公牛队每季至少有十二场比赛不能让他上场。到了1997—1998赛季，俱乐部改变了策略。在权衡了罗德曼的才干与所惹的事端之后，俱乐部与他签了一份目标非常明确的合同。这份合同是NBA历史上最具激励成分的合同。罗德曼的底薪为四百五十万美元。如果他在整个赛季中不滋事，他就另有五百万美元的进项。如果他第七次获得"篮板王"的称号，他可以再得五十万美元。如果助攻超过失球，他将再得十万美元。

虽然这个例子开的是天价，可是这个概念适用于每个员工：识别一个人的优势；界定能充分发挥其优势的结果；找到一种方式来计算和评估这些结果；然后放手让员工去干。

这种方式使罗德曼和芝加哥公牛队都获得了成功。赛季结束时，罗德曼只有一场比赛因违纪而缺赛。他第七次摘得了"篮板王"的桂冠。他完成了230次助攻，仅失147个球。而公牛队获得了冠军。

当然，如果你有大群员工都做同样的工作，要使结果适合于每一个员工是很难的。但如果你的团队人数较少，而且才干各不相同，那么你在界定正确的结果时就必须考虑到每个人的独特才干。明尼苏达海盗队的铁腕教练巴德·格兰特这样总结道："你不能空想一个打法，然后让球员一一对号入座。无论你的比赛计

首先,Break All the Rules
First,打破一切常规

划多么周密,如果你不知道球员擅长的打法,这个计划就是废纸。当我规划阵容和打法时,我总是先考虑球员,然后再想打法。"

界定正确的结果时,优秀经理的做法是相同的:他们先考虑球员,然后规划打法。

第5章 第三要诀：发挥优势

First,
Break All the Rules

- 优秀经理怎样让每个人的优势得到释放
- 为什么试图改变他人如此有诱惑力
- 优秀经理怎样始终如一地培养优秀业绩
- 优秀经理如何打破金科玉律
- 优秀经理为什么有偏爱
- 如何在管理中避开弱点

优秀经理怎样让每个人的优势得到释放
——更上一层楼

你已经挑选到了有天赋才干的人,并确定了合适的结果。你有了你的一批人,而他们有他们的目标。现在你该做什么?你该做什么来帮助每个人达到预期业绩?

优秀经理会向你提出以下建议:发挥每个人的优势,避开他的弱点。不要试图改变他的短处。不要试图使每个人完美无缺。而应尽你所能帮助每个人培养各自的才干。帮助每个人更上一层楼。

这一做法基于一个简单而深刻的道理:人与人是不同的。每个人都有其独特的才干,独特的行为方式、激情与向往模式。每个人的才干模式都持之以恒,不易改变。因此说,每个人都有其独特的人生旅程。

第 5 章
第三要诀：发挥优势

这种千差万别的个人特性使优秀经理们着迷。他们关注人与人之间细微却十分重要的差别，即使这些人从事同样的工作。他们知道一个人的本性及其与众不同之处不仅体现在他做什么，即他的职业，而且体现在他怎样做，即他的风格。彼德·L是一家大型设备租赁公司的创始人。他描述了两位部门经理的情况。一位是出类拔萃的销售员。他联络邻里，参加当地的商业或社区团体，有板有眼地说服别人加入他的顾客行列。另一位是非凡的资产经理。他管理着这家公司最有效率的部门，从每个机器零件中榨取利润。应当说，他们两人都十分称职。

盖伊·H是一位学监，领导着两名模范校长。第一个校长被他称为"思考型实践者"。他大量阅读期刊，了解流行的教育理论，向他人传授自己学到的知识。第二位校长仅凭一种使命感和一种教书育人的天性行事。在她的学校没有教育界的行话，只有无穷的活力和求知的激情，不管这种求知过程如何。

优秀经理的一个标志是善于详细地勾画出每个雇员的独特才干——每个人的动力何在，每个人的想法如何，每个人怎样构筑人际关系。在某种意义上，优秀经理类似出色的小说家。他们管理的每个"人物"都是生动活泼、与众不同的。每个人有他自己的特色和弱点。而他们的目标——对每个雇员都一样——是帮助每个"人物"最充分地扮演好其独特的角色。

这是一个有深远意义的重大观点，但它不过是常识而已。曼迪·M是一位有二十五名员工的设计部门的经理，对此有如下评论：

"我想找出每个人的特点和与众不同之处。如果我能发现他们有什么特殊才能，并能帮助他们看清它，他们就会继续发掘。"

加里·S是一家医疗器材公司的销售主管，说得更加实际：

"我有意在我的每个员工身上寻找我喜欢的东西。对甲，我可能喜欢他的幽默感。对乙，我可能喜欢他谈论他的孩子们的样子。对丙，我会欣赏她的耐心，或她应付压力的方式。当然，他们每个人都有一堆事儿让我心烦。如果我不是有意寻找我喜欢的东西，不好的东西就会先占据我的头脑。"

对曼迪、加里和其他优秀经理来说，发现并发挥每个人的优势是一种自觉的行为。这是帮助他人实现其目标的最有效的方法。这是鼓励人们自我负责的最好方法。并且这是对每个人表示尊重的唯一途径。发挥优势是这些经理所有努力的精髓所在。

为什么试图改变他人如此有诱惑力
——转变的故事不可信

如你所料，传统智慧说的是一个截然不同的故事。首先，它

第 5 章
第三要诀:发挥优势

给我们编了这么一个故事:只要你抓住你的梦想不放并且努力奋斗,你就能心想事成。每天你觉得是你自己的那个人并不是真正的你。真正的你被你的畏惧和沮丧掩藏在你内心深处。如果你能使自己从这种畏惧中解脱出来,如果你可以真正地相信你自己,那么这个真的你将得到释放。你的潜力便会爆发。巨人便会醒来。

这是一个关于转变的故事,而我们都喜欢这个故事。它让人精神昂扬,充满希望。与魔鬼作斗争并且把自己变为任何他知道他可以变成的人,这样的英雄谁不为他喝彩?我们肯定都会。这就是我们为《我的成功秘诀》中的迈克尔·J. 福克司,《打工女郎》中的梅兰尼·格里菲斯和《第三类现象》中的约翰·特拉沃尔塔喝彩的原因。我们喜欢这些脱胎换骨的故事,一个重要原因是这些故事暗示,我们大家有同样的潜力,而且我们都能通过自我约束,坚持不懈,或许再加上一些好运而发掘这种无穷的潜力。

我们被传统智慧的第一部分软化后,就很容易相信第二部分:为了发掘你的无穷潜力,你必须明确你的弱点,然后改变它们。这种自我完善的矫正方法从对你进行第一次业绩评估起就被灌输给你。你被告知,要想促进你的事业发展,你必须"拓宽你的技能"。你必须"全面发展"。在随后的每次评估中,你可能由于新年度的"优秀业绩"而获得只言片语的祝贺。但随之而来的是这次谈话的实质,即:如何改进你的"机遇范围"。你的经理再一次提及你苦苦挣扎的几个方面,——你总在那儿苦苦挣扎——接下来你和他共同拼凑出又一个"发展计划",以求一劳永逸地改变你的弱点。到你退休时,你已经花费了无穷时间来改造自己,你肯定已趋于完美。

顶级经理都不喜欢这个故事。像一切多愁善感的故事一样,这个故事给人安慰,使人感到亲切,却是不可思议地令人不满。这位英雄虽然已用心地削平了他的粗糙棱角,似乎是富有同情心而且很高尚,但不知何故却不真实。关于这个故事,你向这些经理提的问题越多,他们的批评越生动。如果你能长时间听他们说,他们就会完全剥去这个故事的快乐表皮,来揭露所掩藏的险恶信息。这是他们告诉我们的:

首先,每个人"只要努力奋斗,就会心想事成"的允诺事实上是很空的。因为如果我们都能"心想事成",那么我们就有同样的潜力。如果我们都有同样的潜力,那么我们就失去了个人特性。我们没有独特的才华,不能通过独特的目标、独特的能力和独特的成就来表现自己。我们全都一样,没有不同的身份,没有不同的命运。我们就像空白的画布,准备好了,心甘情愿地等待着,却毫无特色。

其次,有人断言,如果你针对你的欠缺持续努力,你的坚持不懈将会得到最终的回报。表面上看，这是一条坚实的，尽管有些陈腐的建议："如果最初不成功，那就再试一次。"然而，高明的经理驳斥这种说法。为什么？因为如果你的生活目标是把你对某些才干的欠缺，如体谅、战略思维或说服力，转变为才干，那你注定一辈子一事无成。

如果你在学习一种新的技能或想获得某种特定的知识，坚持不懈是有用的。如果你试图从你的思想荒原中开辟一条小道，继而确保你对某些才干的欠缺（例如体谅）不会永久地破坏你在其他领域的才干，坚持不懈甚至是适宜的。但是，如果坚持不懈意在弥补你的欠缺，那就会适得其反——你无论如何痛下决心和用心良苦，都不可能开辟一条崭新的四车道思想高速公路。你会训斥自己，责怪自己，迫使自己尝试各式各样扭曲的行为，以求做到不可能做到的事。

在优秀经理看来，传统智慧的故事无论表面多么乐观，其实质却是一无所获的自我磨难和一事无成的坚持不懈。

再次，这个故事描绘了一种注定失败的关系。传统的经理真心地想让员工发挥出色，但是他选择的做法着眼于纠正员工的弱点。一个员工或许有许多长处，但是经理眼中只有他苦苦挣扎的几个方面。与其他归于解体的关系一样，这种做法必然以失败告终。你曾经因糟糕的人事关系而受到伤害吗？这种关系下，你心

First, 首先，Break All the Rules 打破一切常规

事重重，精疲力竭，忘掉了自己究竟是谁。如果你能受得住，回想一下当时的感受，并请记住：关系不好很少是因为你的搭档对你不够了解。大多数情况下，关系不好是因为你的搭档对你太了解……而他又希望你不是那样。或许你的搭档想使你完美无缺。或许你们互不兼容，各自的弱点使彼此不愉快。或许你的搭档是那种喜欢指出别人缺点的人。无论出于什么原因，你觉得别人好像是通过你没有做的事，而不是通过你做过的事来定义你。这种感觉很糟糕。

最后，深藏在故事字里行间的是一个无比黯淡的主题：都是受害人的错。低效率的经理自恃良师，对技能和知识（这两者都可以学到）与才干（不能学到）之间的区别视而不见，这些经理不留情面地指出每个员工的欠缺，深信员工可以改变这些欠缺而变得全能。"只要下功夫，你可以变得更有说服力，更有战略远见，更体谅他人。"他们的故事就是这么说的。他们隐含的主题就是，作为员工你可以通过"下功夫"来控制结果。你可以上课，改变反应，反省自己。责任在你自身。因此，如果未能变不可能为可能，未能把你的欠缺变成才干，那只看不见的责备的手指就在指着你：你没有坚持不懈，你没有专心致志。这是你的过错。

通过对你说，你可以变欠缺为才干，这些低能的经理不仅设置了你的失败，还会因为你不可避免的失败而责备你。这真

是有悖常理。

鉴于这些原因,优秀经理拒不接受传统智慧的故事。他们的排斥并不意味着他们认为所有的坚持不懈都是白费力气,而只是意味着,专注于弥补欠缺的坚持不懈是事倍功半。他们的排斥也不意味着他们忽视一个人的弱点。每个员工都有他一筹莫展的方面,并且这些问题必须设法解决——在本章稍后我们会比较详细地描述优秀经理怎样应对一个人的弱点。

但是它确实意味着,优秀经理大张旗鼓地识别每个人的天赋才干,并且帮助他发挥这些才干。

他们是这样做的:他们相信角色分配是关键。他们通过例外来管理。并且他们花最多的时间和他们最好的员工在一起。

优秀经理怎样始终如一地培养优秀业绩
——角色分配是关键

每个人都有天赋才干——可以产生效益的贯穿始终的思维、感觉和行为模式。简言之,每个人至少有一件事能比其他一万人做得更好。然而,并不是每个人都能够发挥他的天赋才干。即使最初他可能是因为他的天赋才干而被选中,在几次改组和横向调动之后,他现在可能在做不适合他的工作。

如果你想把天赋才干变成业绩，你必须为每个人进行准确定位，以保证你花钱雇他是为了让他做他天生善于做的事。你必须把他安排在合适的职位上。

在体育界，这相对简单明了。根据罗德曼的强健体格和好斗个性，很明显，雇他的目的是抢篮板而不是助攻。在演艺圈，这点同样明确。在《布彻·卡西迪和森唐斯小子》一片原来的演员表中，保罗·纽曼扮演森唐斯，而罗伯特·雷德福扮演布彻。经过几次排演，人们发现这种角色分配并没有使演员们发挥各自优势。角色转换后，剧中人物满盘皆活。纽曼酷爱布彻·卡西迪圆滑而自信的个性，而雷德福完美地表现了沉思的，几乎是毕恭毕敬的森唐斯小子。他们的精彩表演使这部经典影片获得一种原先并不具有的感染力。

在工作的领域，角色分配更具挑战性。首先，重要的是一个人的内在素质，而不是体格勇武或外貌出众。有些经理觉得很难透过一个人的外貌，看到其真实才能。其次，经理们关注的往往是一个人的技能或知识。这样一来，有营销学位的人被不可避免地安排在营销部，而有会计背景的人则被分入财务部门。在分配工作时，考虑到一个人的技能和知识并没有什么错。但是你如果不优先考虑一个人的天赋才干，就可能陷于平庸。

根据天赋才干来分配工作是优秀经理的一个成功秘诀。有时，做法很简单。例如,把你手下那位敢作敢为、自恃甚高的销售员派往一个需要开拓的地区;同时,把那位有耐性和善于拉关系的销售员派往一个需要细心培育的市场。然而,大多数情况下,根据才干分配工作需要敏锐的眼光。

比如,假设你刚被提升起来去管理一组人。你对这批人是不是有才干毫无所知,因为他们不是你选的。但是现在他们被交到你手里了。他们的表现好坏是你的责任。有些经理很快就把这批人分成两组:"淘汰组"和"保留组"。他们留下"保留组",辞退"淘汰组",然后招来他们"自己的人"去补缺。

顶级经理则慎重些。他们和每个人谈话,了解他们的优势、弱点、目标和梦想。他们同每个员工密切合作,留意每个人做出的选择、他们的相互关系、谁支持谁,以及为什么。他们关注细节。他们从容行事,因为他们知道判断一个人天赋才干的最有把握的办法是在一段时间内持续观察他/她的行为举止。

接下来,他们再把这些人分为两组,一组应该留下,另一组应该另找职位。然而,值得注意的是,他们增加了第三组:"移动组"。这些人显示了某些宝贵才干,但是不知出于什么原因,却不能够发挥这些才干。他们被安错了位置。通过在新设计的职位上重新定位每个人,优秀经理就能发挥每个人的优势,并且化才干为业绩。

我们早先结识的设计经理曼迪·M讲述了下面这个故事。曼迪·M新近被提拔去领导公司的设计部门时，接手了一个叫约翰的员工。他被安排在一个关键职位上，负责向客户提供概念建议。工作环境紧张而富有个性，同事们争先恐后地为客户设计出最巧妙的方案。但是，约翰却在苦苦挣扎。谁都知道约翰很聪明，可以胜任这项工作。但是他却一无建树。他已心不在焉。而据大多数知情人的消息，他已离解雇不远了。他如果不主动离开，不久就会被炒。

但是曼迪记得，约翰不无亮点。在升职前几月，曼迪注意到，他一度为一个看重他的主管做事，而且出过彩。他俩相互信任，密切合作，约翰崭露头角。但是，不久这位主管被调任新职，约翰故态复萌。

根据这一观察，曼迪把约翰放在了"移动组"。她猜测，他是一个需要联络的人，就像有些人需要认可一样。所以她抓住他对人际关系的迫切要求，把它用在对公司有重大价值的地方：开拓业务。

约翰变成了一部销售机器。他天生善于与人交往，询问他们的姓名，记与他们有关的特别情况。他同公司的好几百现有和潜在客户建立了真诚的关系。由于这种关系，不仅现有客户保持忠诚，而且潜在客户也加入了他们的行列。约翰如鱼得水，利用他的天生优势使各方获利。

曼迪讲述这个故事时，你听得出她稍微有些哽咽。像许多优秀经理一样，一想到某个人充分发挥了他的才干，她就兴高采烈。她知道能找到一个让你得以一展特长的职位是很难得的事，在这个职位上，你既实现了自我，又出类拔萃。说它难得，并不是因为缺少有趣的职位——事实上，每个做得好的职位都可能让人感兴趣——而是因为只有极少数人了解他们的真实才干，而大多数经理往往忽视这些线索。曼迪知道，如果换一个时机，或换一家公司，她也许会错过瞥见约翰才干的机会。而他可能已经失败，并且不会从失败中获得启示。

但是，她没有错过机会。她觉察到了潜在优势的蛛丝马迹。通过谨慎的角色更换，她得以发挥那些优势，从而使约翰的天赋才干转变成业绩。

每个人都会在某些方面具有卓越的才干。诀窍在于发现这"某些方面"。诀窍在于角色分配。

优秀经理如何打破金科玉律
——通过开口问来管理

"每个人都是不寻常的"另有一层含义：每个人都应该作为例外对待。每个员工都有他自己的"过滤器"，有他自己的解释周围世界的方法，因此每个员工会向你——他的经理，提出不同的要求。

首先,Break All the Rules
First,打破一切常规

有些人几乎从受雇的第一刻起就希望你少管他们。还有些人呢,要是你每天不和他们沟通,他们就觉得被怠慢了。有些人想得到你这位"老板"的赏识,其他人则觉得同事的赞赏更珍贵。有些人渴望在公开的场合得到称赞,其他人则刻意躲开公开场合的炫耀,而珍爱不声张的私下感激。每个员工都呼吸着不同的精神氧气。

柯克·D是一家医药公司的销售经理。他能很快认识到这一点。他讲述了一个名叫迈克的销售员的故事。迈克始终在这家公司的一百五十名销售人员中排名前十位,但是柯克总觉得他还能做更多的事。

"最初我摸不透他。我自己争强好胜,而他曾经当过八年的职业橄榄球员,是右后卫,我想当然地认为他和我一样好竞争。我告诉他,其他销售人员那个月做了多少,试图刺激他。但当我告诉他时,他却无动于衷,不温不火,毫无兴趣。原来,尽管迈克有运动员背景,但他根本就不好竞争。他是一个成功者,他只想打败他自己。他不在乎其他任何人。在他的心目中,他们都和他不相干。于是我改问他这个月他打算做什么来超过他自己。我一问他这个,他的话就滔滔不绝。好点子喷涌而出。然后我们共同努力使这些想法变为现实。连续六年,他成为全公司的头号销售员。"

还记得那条金科玉律吗?"你想别人怎样待你,你就怎样待

第5章
第三要诀:发挥优势

别人。"顶级经理每天都在打破这条金科玉律。他们会说,不要你想别人怎样待你,你就怎样待别人。因为这样就假定每个人都和你呼吸同样的精神氧气。例如,如果你好胜,每个人一定同样好胜。如果你愿意当众受夸奖,其他人也一定如此。而且,每个人都和你一样讨厌过细的管理。

这种想法本意是好的,却过于简单化了,使人想起一个四岁的孩子自豪地送给他母亲一辆红色的玩具卡车作为生日礼物,因为这是他想得到的礼物。所以顶级经理都抛弃这条金科玉律。相反,他们说,每个人想要别人怎么对待他,你就怎么对待他,但要记住他是谁。当然,每个员工都应该遵循一定的行为准则,一定的规则。但是在这些规则范围以内,要按照每个人的要求,区别对待他们。

有些经理会反问:"我怎么可能掌握每个员工的独特要求呢?"谁能责备他们呢?区别对待每个员工是很难的,尤其是因为一个人的外表极少揭示他有什么特殊要求。这有点类似于听别人的吩咐下棋,却不知道每个棋子该怎么走。

但是顶级经理们自有办法:开口问。询问你的员工的目标:你在目前职位上追求什么?你的事业在向哪里发展?哪些个人志愿你愿意告诉我?你想隔多长时间见一次面讨论你的进步?

了解他对赞扬方式的偏好:他喜欢公开赞誉还是私下认可?

书面还是口头？谁是他最好的听众？叫他告诉你他曾经得到的最有意义的赞誉，这是非常有效的。找出那件事难以忘怀的原因。也问问他对你们之间关系的看法。他能不能告诉你，他是怎样学习的？你可以打听他是否有曾经帮助过他的良师或搭档。他们是怎样帮助他的？

鉴于需要记住的员工情况很多，经理们经常发现把这些写下来很有帮助。有人设计了有序的归档方法，每个员工都有各自的文件夹，夹着小便条，提醒经理什么时候该与员工定期会面。其他人只是把这些细节随意写在小卡片上随身携带——他们称这些卡片为员工"作弊卡"。

显然，获取这些信息并无一定之规。重要的是设法获得。没有这些信息，你就会闭目塞听，被陈规、模式和"公平等于相同"的错误观念所束缚。但是有了这些信息，你就有了焦点。你可以发挥每个人的优势，并且把天赋才干变为业绩。

优秀经理为什么有偏爱
——花最多的时间和你的明星员工在一起

如果你是一名经理，你或许想试试这个练习。在一张白纸的左侧写下你手下的人名，以效率递减次序排列，效率最高的排在

第5章
第三要诀：发挥优势

首位，最差的排在底部。在右侧，写下同样的名字，但这次以"你同他们在一起的时间"递减排列，时间最多的排在首位，最少的排在底部。现在，画直线把左边的名字与右边相应的名字连接起来。

你画的线交叉吗？十之八九会交叉。许多经理发现自己和最低效的员工在一起的时间最多，而与最高效的员工在一起的时间最少。表面看，这好像是一个经理进行时间投资的最稳妥的方法。不管怎么说，你的明星员工已经胜任，他们不需要你。而少数苦苦挣扎的员工呢？他们需要你帮大忙。没有你的扶持，他们不仅会个人失败，而且会拖垮整个团队。

把时间花在后进员工身上似乎很精明，然而高明经理做的恰恰相反。当他们连接那些名字时，他们的线是水平的。他们花最多的时间和他们最有成效的员工在一起。他们对手下的明星员工投资。为什么？

因为在内心深处，他们以不同于大多数经理的方式看待自身职责。大多数经理认为，自己的职责是控制或指导。没错，如果你把"控制"看作经理的核心职责，多与后进员工在一起无疑是有成效的，因为他们仍然需要加以控制。同样，如果你认为"指导"是管理的实质，那么对后进员工下功夫同样合情合理，因为他们仍然有许多东西要学习。

但是优秀经理并不看重控制或指导。这两者都有它们的作用，尤其是对新员工，但它们不是核心：它们太初级，太死板。

对优秀经理来说，他们的核心职责是发挥催化剂的作用：把才干转变为业绩。所以当他们花时间和某个员工在一起时，他们不是在修改、纠正或指导。相反，他们绞尽脑汁，设法找出更好的办法来让员工释放其独特的才干：

⊙ 他们力图针对每个员工提出独特的期望，借此帮助员工明确目标和尽其所能。我们可以回想一下公牛队与罗德曼所签合同的独特细节，并切记对每个公牛队队员都提出同样详尽和独特的期望。

⊙ 他们设法强调并完善每个人的独特风格。他们使员工注意到他自己的风格。他们帮助他了解为什么这种风格适合于他，以及如何去完善它。曼迪对约翰就是这么做的。这也是她必须对她的所有直接下属做的。

⊙ 他们还精心策划，为每个员工排除外部干扰，以便他们更自由地发挥自身才干。正如一家大型股票经纪事务所的分部经理罗伯特·T所说："我手下的经纪人不是在为我做事，而是我为他们做事。如果我不能琢磨出新办法来帮助我的超级明星们，至少我可以把行政上的关节打通，这样就没有什么挡他们的道了。"

第 5 章
第三要诀：发挥优势

如果你这样看待自身职责，如果你和员工在一起时采取这样的做法——提出独特的期望，强调并完善个人风格，排除外部干扰——你势必关注最有才华的员工。才干是一种增效器，你投入的精力越多，收益越大。你和你的明星员工在一起，就是最有成效地使用时间。这是非常简单的道理。

"没有消息"永远不是好消息

反之，远离你最好的员工极其有害，其损害程度会使笃信"没有消息就是好消息"这类座右铭、崇尚强势管理的行家们倍感惊讶。

用最简单的话说，一个经理的工作就是鼓励他人重复有成效的行为，同时抑制其他无成效的行为。强势经理们忘记了他们的反应对哪些行为会倍增、哪些会消亡影响重大。他们忘记了他们每天都在台上，而且不论他们喜不喜欢，他们都在发送着每个员工都能听到的信号。

优秀经理却未曾忘记。他们牢记自己始终在舞台中心。他们尤其牢记，他们对那些超级明星的有成效的行为关注越少，这种行为就越少发生。既然人类天生就需要某种类型的关注，如果他们没有得到关注，他们就会下意识地或有意识地改变他们的行为，直到他们得到关注。

所以，作为一名经理，如果你关注后进员工，而忽视你的明星们，你就会不经意地改变明星们的行为。在你明显的冷漠导引下，明星们可能少做当初使他们成为明星的那些事情，而多做其他一些可能引起你某种反应的事情，不管反应是好还是坏。如果你发现明星们表现失常，就是一个确定无疑的信号，说明你一直在关注错误的对象和错误的行为。

鉴于此，你必须铭记在心：你总是在台上。错误地放置你的时间和注意力不是一种中性的行为。没有消息永远不是好消息。没有消息会扼杀你想倍增的那些行为。

就实际效果而言，优秀经理之所以把时间和精力花在他们的明星员工身上，是因为这样做非常有效，反之非常有害。然而，在我们的采访中，优秀经理乐于用较为专业的术语来解释这些益处。他们告诉我们，把时间和精力花在明星员工身上是因为：第一，这样做最公平；第二，这是最有成效的学习方法；第三，这是追求卓越的唯一途径。

关注明星员工最公平

虽然优秀经理接受概念上的"公平"，但他们给它下的定义与大多数人颇为不同。照他们的看法，"公平"并不意味着同样对待每个人。他们会说，公平待人的唯一方法是把他们的成就牢记在心，然后论功行赏。

吉米·约翰逊是两次率领达拉斯牛仔队打入超级碗橄榄球决赛的教练，现在领导迈阿密海豚队。他一语道破了优秀经理的公平观。他从唐·舒拉那里接手之后，立即对海豚队的球员讲了一次话。他说：

> "我将始终如一地对待你们每个人，因为我会区别对待你们每个人。事情就该这样。一个人越努力，表现越好，越能达到我的要求，我就会对他越放手。出于同样原因，如果一个人不苦干，或不是一个好球员，他就呆不久。"

在公司环境中，这种语言可能略显粗率，但是优秀经理却爱听。道理非常简单，他们之所以愿意对明星员工多花时间，是因为这些员工更值得他们关注。

他们深知人渴望被关注。每个人或许看重不同的关注，但是，我们都憎恶被他人忽视。如果爱不是恨的对立面，那么冷漠肯定既是爱又是恨的对立面。如果你同最糟的员工在一起的时间最多，那么你给你的员工发出的信息就是："你的表现越好，你从我——你的经理——这儿得到的时间和关注就越少。"无论怎么看，这都是一条莫名其妙的信息。

因此,把最多的时间花在你最好的员工身上。关注他们。公平必须找准对象。

读完这本书之后,你能做的最有用的一件事就是回头"重新雇用"你的明星员工——回头告诉他们,他们为什么这么棒。告诉他们,为什么他们是团队成功的基石。选择一种适合你的方式,切忌使这种谈话变成关于将来晋升的承诺——这是需要另找时间讨论的事。对他们直言相告,为什么你现在对他们的贡献如此看重。不要想当然地认为你的明星员工知道这一切。

关注明星员工是最有效的学习方法

把时间花在后进员工身上可以使你学到很多东西。你可以了解到,为什么某些系统难以操作,为什么某些动议构思拙劣,为什么客户不高兴。随着时间推移,你可以像某些经理一样,如数家珍地剖析失败和设计对策。

具有讽刺意味的是,所有这一切丝毫无助于你了解卓越业绩。研究失败并不能使你深刻认识卓越。完成一项任务有无数方法,其中大多数是错误的。正确的方法只有几个。令人遗憾的是,剔除错误的方法并不能帮助你识别那些正确的方法。卓越不是失败的对立面,只是不同而已。它有自己的构造,而且其行为有时与

第5章
第三要诀：发挥优势

后进员工惊人地相似。

比如，如果你把大部分时间花在研究失败上，你永远不会发现优秀清洁工会躺在客人床上，打开吊扇，优秀餐厅服务员会明确发表个人看法，优秀销售员几乎每打一个电话都会觉得勉为其难，优秀护士会与病人建立强烈的情感依恋关系。反之，一旦发现最差的清洁工、餐厅服务员、销售人员和护士也有一些相似的行为，你也许会制订专门的规则或政策来防止这些行为发生。

盖洛普与欧洲最大的医疗服务商合作，旨在帮助他们寻找更多与他们的明星护士相似的护士。作为研究的一部分，我们根据主管评分选择了一百名优秀护士和一百名表现一般的护士。接下来我们与每个人面谈，寻找优秀护士所共有的几种才干。

在优秀护士共有的诸多才干中，我们发现了一种，称为"患者反应"。优秀护士有关心他人的需求。她们无法不关心他人。她们的"过滤器"搜索人生，主动寻找关心他人的良机。而鉴于关心他人本身是一种需求，当她们看见患者开始有反应时，关心他人的喜悦就会油然而生。每一次细微的好转对她们都是一种激励。这是她们精神上的报酬。喜欢看见病人有反应是一种才干，这种才干使那些优秀护士们不会因为其职业固有的伤感和痛苦而陷入沮丧。这种才干使她们从工作中获得力量和满足。

当我们把这一切告诉她们的经理时，他们回答说："我们不是那样安排工作的，因为我们不希望我们的护士过于接近病人。"他们说，病人总是被调来调去。常有这样的事，一个护士在过了一个周末或休息了一天回来后，发现她的病人不见了，被调到别的病房，转到另一家医院，或者出院了。他们说："床位很紧。我们根本不可能安排一个护士和一个病人长时间在一起。有些护士发现她们的病人不见了就变得忐忑不安。因此我们现在告诉护士们保持距离。我们不希望护士们在病人被调动时觉得失落。"

尽管动机良好，但此种安排导致各方面的痛苦。护士们觉得痛苦——现行制度剥夺了她们获得满足感的主要来源。病人们痛苦——许多研究表明，如果病人与护士建立亲密关系，后者的照顾会使他们康复加快。连经理们也痛苦——他们不得不去应付孤立无援的病人和士气低落的护士。

医院应该如何运作？这是个难题。为了降低医疗费用，每家医院都被迫迅速"打发"病人，以便提高病床周转率，这是不容忽视的事实。然而，尽管盖洛普不能就他们的窘境提出一个快捷而有效的答案，我们却可以提示获得这个答案的最佳途径：和你最好的护士们一起坐下来，请她们说说，她们会怎样平衡病人、护士和算细账的经理们的不同需要。无论她们拿出什么样的解决方案，她们都不可能比这种折腾病人和切断优秀护士们的精神氧源的装配线体系做得更糟。

令人遗憾地是,这家公司拒不倾听他们的明星员工的呼声。他们找不到理由,更没有决心来改变其表面有效而实有缺陷的体系。结果,不满的病人、士气低落的护士和不断上升的成本使他们日益陷入困境。

可喜的是,其他许多公司已经开始认识到通过研究卓越来了解卓越的明智所在。去西南航空公司、通用电气公司和里茨卡尔顿饭店等所谓"黄金级"公司参观取经需要排一年的长队。而迪斯尼公司甚至把"迪斯尼方式"编成系列讲座。

毋庸置疑,经理们能够通过研究这些公司的做法而学到某些有用的东西,但是他们刻意学习外部经验时,却往往忽视最重要的启示:回去研究你们自己最好的雇员。迪斯尼、西南航空公司、美国通用电气公司和里茨卡尔顿饭店就是这么做的。为了编写接待来访者和举行讲座所需的教材,这些公司采访、跟踪、拍摄和宣传他们的明星员工。他们研究每天都发生在他们周围的卓越表现,向他们最好的员工学习。

每个经理都应该这样做。花时间和你最好的员工在一起。观察他们。向他们学习。要像你能清晰地描述失败那样描述卓越。研究外部经验固然不无益处,但是研究来自内部的经验才最易奏效。

你该怎样做这件事?研究卓越的最佳途径无非是花大量的

时间同最好的员工在一起。你可以从让他们解释他们的秘诀开始——虽然作为当事人，他们往往说不太清自己为什么如此成功。

作为替代，我们采访的许多优秀经理声称，他们花大量时间观察他们最好的员工。销售经理们强迫自己每月和一两个销售明星一起出差。校长观摩几位明星教师的课。客户服务主管定期监听他们的明星客户服务代表与顾客的通话。花这些时间和精力的目的不在于评估或监视。正如一名销售经理所说，其目的是："在我的脑子里开动一台录音机，以便我回到办公室后可以重放、分析、理解这一切是怎么回事，以及为什么这样就会奏效。"和其他优秀经理一样，你需要让那部录音机开着。

关注明星员工是成就卓越的唯一途径

"平均"的语言到处盛行，无孔不入。预订中心计算一个客户服务代表一小时内能够处理电话的"平均"数。连锁餐馆通过估计一个"平均水平"的餐馆需要多少服务员来规划人员配备。销售公司根据一个"平均水平"的销售人员能够掌握多少潜在客户来划片。"平均"随处可见。

顶级经理未必反对这种"平均思维"。他们承认，要有效地管理一家公司，确实需要某些粗略估计公司日常运行的方式。然而，当这种"平均思维"渗入对人的管理时，他们会坚决抵制。

第5章
第三要诀：发挥优势

令人遗憾的是，这种事情时刻都在发生。

许多经理可能没有意识到，他们对"平均"是多么入迷。他们内心十分明确，什么是他们可以接受的业绩水平；销售公司经常称之为"定额"。这种定额，即业绩的"平均值"，成为衡量个人业绩的标尺。例如，一个经理可以根据员工业绩超过或低于"平均值"多少来给他们评级。他可以算出每个员工应该得到的"平均"奖金的正确比例，以此决定他们的奖金数。而且他可能花大部分时间设法帮助后进员工缓慢地把他们的业绩提高到"平均水平"之上，而对超越平均水平的员工不管不问。这大概是"平均思维"最明显的症状。

这种"平均思维"是很吸引人的。它似乎既稳妥又实用——通过关注后进员工，你在保护你自己和公司免受他们不可避免的错误之害。尽管如此，优秀经理拒绝这种观念。

这里有几条原因。首先，他们不把平均业绩当成评价每个员工业绩的标尺。相反，他们使用卓越为标尺。在他们看来，平均与卓越不相关。

其次，他们知道，只有那些已在平均水平之上的人才可能达到卓越。这些员工已经显示出某些天生的做好现有工作的能力。这些员工有才干。与常人所见相悖的是，表现已在平均之上的员工才有最大的成长空间。优秀经理也知道，帮助一个有才干的人磨炼才干绝非易事。如果优秀经理忙于帮助后进员工勉强达到平均以上，以此求得生存，那他就无暇顾及真正艰巨的工作，即引导较好的员工出类拔萃。

琼·P的故事既说明了平均的无关紧要，也说明了才干的发展潜力。

就数据输入专业而言，全国的平均成绩是每月380,000次，或每天19,000次按键。许多公司使用类似的平均计量来决定需要雇用多少数据输入员。在录用这些数据输入员之后，一名经理或许应该使他的员工成绩超过全国平均值。超过多少？如果用这个平均值作标准，一名优秀经理的目标应该是多少？超过百分之二十五？百分之三十五？百分之五十？百分之五十会使你的成绩超过每月500,000次按键。事实上，顶级数据输入员把全国平均值当作笑料。他们的成绩几乎十倍于它。

琼·P就是这样一个员工。第一次被测定时，她平均每月按键560,000次，已经高于全国平均百分之五十以上。因为这一成绩，她受到表彰。其后，她和她的经理制订了一些个人目标，来帮助她提高并跟踪其个人纪录。三个月以后，她达到了百万次按键纪录。到达那个里程碑几星期后，琼每天下班时复核她的计数，发现自己一天内完成了112,000次按键。她对经理说："你知道吗？如果我全月每天平均都达到110,000次以上，那么我将达到每月两

第5章
第三要诀：发挥优势

百万次按键纪录。"

琼成了这一行的状元。她的经理花时间观察她，问她为什么这么热爱她的工作——"我酷爱竞争，我喜欢计数"——为什么她按键越多，却出差错越少——"我练得多"。他据此设计了一份才干对照表，以便发现更多像她一样的人，并且制订了一个薪酬计划来奖励她的卓越业绩。现在琼的个人最好成绩是一个月内3,526,000次按键，并且所有和她一起工作的数据输入员的平均成绩都在一百万次以上。

琼的故事给我们的启示几乎适用于任何职位。不要使用平均值来估计卓越业绩的极限。你会大大低估员工的潜能。关注你最好的员工，不断朝着钟形曲线的右上限推动他们。虽然听来有悖常理，但是像琼·P那样的顶级员工是最具发展潜力的。

打破上限

"平均思维"不仅使经理远离卓越和明星员工，而且，危害更大的是"平均思维"将会损害一个经理的最大努力——它会严重地限制业绩。杰夫·H是一家计算机软件公司的销售经理，他描述了这种削弱效应：

"我效力的公司有一个目标：每年营业额和利润增长百分之二十。从第一天起我们就被灌输这个思想：百分之二十的增长率

首先，Break All the Rules
First，打破一切常规

是公司评判成功的标准。我们已经连续十二年达到这一目标，所以华尔街喜欢我们。我能够领会为什么公司必须每年都争取完成那个数字。我能够领会为什么华尔街喜爱那种可预测性。但是作为一个管人的经理，这是很难的。"

"把你放在我的位置上。过去四年，我们所负责的地区一直在全公司排名第一。每年一到三季度末，我的手下就完成了他们百分之二十的增长目标。他们还剩整整一个季度，可是他们已经达到目标。你想激励这群人在最后三个月里倾力工作，而对他们来说，把销售额留到明年更有意义，因为这样一来，来年一月他们便可以轻松开始。你不能责备他们放慢速度。这种定额制鼓励他们这样做。每年我都得和这个旨在帮助我们大家胜过别人的制度作斗争。我得寻找其他的办法让每个人都保持斗志。"

他是怎样做的？正巧杰夫的风格是热情而理性的，所以他采取的方法是给每个手下写一封引人思索的信，来劝诱他们审视自身，作出最后的努力。下面是一个例子：

> 各位：
>   今年只剩下两个月了，所以把精力集中于你们今年的目标至关重要。迄今为止，今年的竞赛时间长，做得好。

第5章
第三要诀：发挥优势

对于你们当中的许多人来说，今年剩下的时间里，你们优哉游哉便能完成定额。这个决定由你们来做；我不能替你们做——而且我也不会敲打或威胁你们，让你们多干活。

然而，如果我们和你们自己都希望你们成为佼佼者，并且你们希望最大程度地发挥你们的才能，那么这个目标就是永无止境的。你们应该理解成功是通过对进步的不断追求实现的——包括自身的、专业的、财务的和精神上的。不管你喜欢不喜欢，事情就是这样的，而且这是你们决定接受挑战，成为最佳时对自己作出的承诺。

记住，集中精力。决不放弃你们对自己所设定的卓越标准的承诺。每天多做一点，时间长了就积少成多。

真诚的杰夫

10月29日

又及：你们是本公司最好的员工，也是我有幸管理的最好的部下。

杰夫是幸运的。凭借他真诚的个人呼吁和"每天多做一点，时间长了就积少成多"的告诫，杰夫成功地突破了定额制的束缚。他已经找到了一个让每个人专心追求卓越的办法。尽管有定额造成的限制，杰夫已连续四年带领他所负责的地区成为公司第一。

其他有独特才干和风格的优秀经理会设计出他们自己通往卓越的路径。但是尽管他们成功了，他们仍不得不浪费很多创造力来对付不知不觉间给业绩设置上限的各种绩效评估方案，这是一件遗憾的事情。他们不得不花费很多精力抵制"平均思维"，这也是一件遗憾的事情。如果把这些精力和创造力用在对卓越业绩的不懈追求上，定会价值大增。

然而，如果你面临同样的"平均思维"，你应该同样积极地进行抵制。你应给卓越下一个生动而量化的定义。向你最有才干的员工描绘出卓越的形象。推动每个人朝着钟形曲线的右侧努力。这更公平，更有成效，而且更有乐趣。

如何在管理中避开弱点
——优秀经理从不忽视欠缺之处

当然，这一切都不表明优秀经理对欠佳表现视而不见。他们不是这样的。发挥优势不等于盲目乐观。不好的情况会发生。有些人失败了，有些人在挣扎。甚至你的明星员工也不无欠缺。如果你不想听任欠佳表现彻底瓦解绩效，就必须果断处理，而

第 5 章
第三要诀：发挥优势

且动作要快——就像所有的衰耗性疾病，对欠佳表现久拖不决是愚蠢的。

造成一个员工欠佳表现的最直接的原因是"机械性的"——或许是因为公司没有提供他所需要的工具或信息，以及"个人的"——或许她仍然沉浸在不久前一位家人去世的痛苦中。作为一名经理，假如你发现员工表现欠佳，应首先留意这两个原因。这两种原因都较易识别，却较难解决——前者肯定需要对工作进行认真的再设计，并改进个人或部门之间的合作；后者则需要理解和耐心。但你至少会了解到，是什么原因影响了工作表现。

然而，许多欠佳表现有着更细微的原因。这样的原因较难识别，但幸运的是，只要经理思想方法正确，解决这些问题并不难。

优秀经理从两个问题开始：

首先，欠佳表现可以通过培训来改变吗？如果一名员工因为缺乏必需的技能或知识而在勉强应付，那肯定是可以培训的。简·B是一家广告公司的经理，给我们举了一个简单的例子：

"我有一个助手，她的任务是将我的手写笔记整理成光彩夺目的演示材料。但是事与愿违。她不仅活干得太慢，而且产品不高明。我同她坐下来谈心，期间她承认，她从没正规地学过PowerPoint软件。她是一个有才气的艺术专科生，但是没有人教过她如何用电脑展现艺术。这事很简单。于是我安排她参加

PowerPoint强化培训，现在她干得棒极了。"

劳里·T是一家石化公司的经理，描述了一种更细致的传授知识的方法：

"吉姆是一个青年人，非常有才华，但总是上班迟到。我同他谈了这件事，他说他在安排自己准时上班方面做得很糟糕。每天早晨总有什么事情会耽误他。他告诉我不用担心，因为他总是为了完成工作而晚下班。我告诉他我的确担心。我是担心别人会怎样看他。我问他，他觉得别人对他怎么看。他承认他们很可能会把他的迟到与偷懒、缺乏责任心和团队精神差联系在一起。'但是我不是那样的人。'他说。'我知道你不是那样的人。'我说，'但是他们并不知道。我并不是说你从今以后必须准时上班。我想告诉你的是，你必须使同事们对你的印象好一些。否则他们不会信任你，你会拖大家的后腿，这样的话，我得请你走人。'

"吉姆现在百分之九十五的时间准时上班。我并没有改变他的行为。当他意识到自己名声不佳，并且感到脸上无光时，就改变了自己的行为。"

你可能很熟悉这些例子。也许你见过缺乏产品知识的销售员，或者不知道如何处理开支的秘书，或者新聘用的商学院毕业生，还没有学会如何写一份真正的商业报告。所有这些欠佳表现都可以归因于员工缺乏某种技能或知识。这些技能和知识有的很简单，

第 5 章
第三要诀：发挥优势

例如教授一个计算机程序；有的较复杂，例如帮助一个人了解自己——但都是可以通过培训获得的。

优秀经理问的第二个问题是：这种欠佳表现是因为经理自己扣错扳机了吗？每个雇员的动机各不相同。假如经理忘记这一点，假如他试图用竞赛来激励一个不爱竞争的人，或者用公开表彰来激励一个害羞的人，那么对这种欠佳表现的解决办法可能恰恰不在他的掌握之中。如果他可以找到正确的扳机并扣动它，或许该员工的真正才干就会迸发出来。

约翰·F是一名保险总代理，一次当众出丑帮助他懂得了这个道理。他有一位明星代理人，名叫马克·D，曾连续数年获得年度代理人奖。马克一度公开表示，他讨厌那些获奖时发给他的奖盘。他说，如果要表彰他，他希望得到一些不同的东西，而不是一块接一块塞进抽屉里的毫无意义的奖盘。约翰耐心地听着，但是自以为明白。他想，所有的销售人员都喜欢奖盘。

在颁奖宴会上，约翰宣布马克再一次成为获胜者，并领他走上领奖台，得意洋洋地把奖盘递给他。马克瞥了奖盘一眼，转向观众，做了个下流的手势，然后冲下台去，发誓要离开公司。这次宴会彻底砸了。

约翰·F同马克的一些同事讨论此事，想从中寻找补救方案。他了解到，不论是在开车途中、走廊里，还是午餐桌上，每当话

First, 首先,Break All the Rules
打破一切常规

题离开办公室的工作,进入个人生活时,马克总会提到他的两个女儿。他和他的妻子曾认为他们永远不会有孩子了,因此这两个小女孩对他们来说是特别珍贵的礼物。马克会描述她们的成绩,她们的胜利和她们告诉他的有趣的小事。他为她们感到无比自豪。她们就是他的生命。

约翰迅速打电话给马克的妻子,解释了事情的经过。马克的妻子出了个主意。她带着两个女儿去了一家照相馆,给她们拍了一张很漂亮的照片,配上镜框,并把马克的奖盘镶在镜框上。

两个星期以后,约翰主持了一次午餐会。他当着所有代理人和作为嘉宾请来的马克妻子和两个女儿的面,取出照片送给马克。曾弃众人而去的主角开始哭起来。马克的扳机就是他的两个女儿。

如果马克没有感到约翰是真正关心他,此举就不会奏效。但是,幸运的是,多年来,他们之间已经产生了信任。在他们的关系中唯一缺乏的是,约翰没有完全理解什么对马克来说是真正重要的。根据马克的同事提供的线索,约翰弥补了那个缺口。从现在开始,他将尊重并且扣动马克独特的动机扳机。

所有的经理都可以从约翰的例子中获得启示。假如一个员工的表现出现差错,也许是你用错了对他的激励手段;或许,一旦你扣动不同的扳机,这个员工的真正才干会重新释放。也许你应该对他的欠佳表现负责。在你采取任何行动前,先考虑一

第5章
第三要诀：发挥优势

下这种可能性。

然而，如果对这两个最基本的问题你可以真实地回答"不"——"不"，这不是一个技巧/知识方面的问题，"不"，也不是一个有关扳机的问题——那么，不言而喻，欠佳表现很可能属于才干方面的问题。这个人之所以苦苦挣扎，是因为他不具备完成某项任务所需的才干。在这种情况下，培训是没有用的。鉴于才干难以改变，此人获得这种必要才干的可能性甚小。他就是他，如果放任不管，他总会在他缺乏才干的几个领域裹足不前。

这种情况似乎十分悲凉，但事实上相当普遍。不管怎么说，没有人是完美的。没有人具备做好一种工作所需的全部才干。我们中的每个人总会缺少几张才干的牌，不可能张张牌都有。

欠缺与弱点的区别

如你所料，优秀经理会以一种积极而务实的态度对待我们天生的不足之处。他们从一个重要的区别开始，这就是弱点和欠缺之间的区别。欠缺是心智上的荒原。它是一种貌似挣扎的行为，一种从来感觉不到的激奋，一种一再被遗漏的洞察。一般情况下，欠缺是无害的。也许记姓名、体谅他人或进行战略思考是你的欠缺。谁会在乎呢？你的欠缺比你的天赋才干多得多，但是大多数无关大局，你不必在意。

然而，欠缺也可能变成弱点。当你发觉自己处在一个需要在你所欠缺的方面表现出众才能获得成功的职位上时，你的欠缺便成为一个弱点。如果你服务于一家餐厅，你在记姓名方面的欠缺便成为一个弱点，因为你需要认出谁是常客。如果你是一个销售员，你在体谅他人方面的欠缺便成为一个弱点，因为你的潜在客户需要感到被人理解。如果你是一个高级主管，你在战略思维方面的欠缺也成为你的一个弱点，因为你的公司需要知道前方暗藏着哪些风险和机遇。你如果明智，就不要忽视你的弱点。

优秀经理从不忽视弱点。他们一旦意识到弱点是导致欠佳表现的原因，就会改变方法。他们知道只有三种可能的方法帮助一个人取得成功。那就是，发明一个支持系统；找一个互补的合伙人；或者换一个职位。优秀经理雷厉风行，迅速权衡这些方案，并从中选出最佳途径。

发明一个支持系统

大约一亿四千七百万美国人的视力不正常。七百多年前，如果一个人患远视、近视或散光，就是有严重的缺陷。但是由于光学科学的发展，通过磨制镜片来矫正这些疾患已成为可能。这些镜片被嵌在镜架里制成眼镜。有了这个发明，视力不正常的弱点被淡化为一个不相干的欠缺。数百万的美国人仍然被视力不正常

第 5 章
第三要诀：发挥优势

所困扰，但是用玻璃眼镜或者隐形眼镜这个支持系统武装起来，没有人会在意这件事。

要矫治使人衰弱的弱点，最快捷的方法是建立支持系统。如果一名员工在记忆姓名方面有困难，就给他买一个名片夹。如果另一个员工在拼写上漏洞百出，那就要求她在每次打印之前做拼写检查。设计部经理曼迪·M谈到一名工作很有成效的咨询师，曾因穿戴新潮而影响专业形象。曼迪便带她去购物，使她至少有一套像样的套装可以穿着去见客户。计算机软件公司的销售经理杰夫·B发现他的一位销售员的业绩在下滑，原因是这位销售员的妻子讨厌他频繁使用私人电话接业务电话。于是，杰夫为他另买了一条电话线，并建议他把家中的一个房间辟为办公室，规定公司下班后的使用时间，并关闭电话震铃。

保险总代理玛莉·S手下有一个业绩超群的代理人。此人不仅狂妄自大，而且每次回到公司便散布流言蜚语。她的对策是在他办公室新开一扇直通电梯间的门，然后在门上挂一块牌子，用古体烫金字写上这个代理人的名字。只此一举，她不仅满足了他的自大欲望，而且让他径直进入他的办公室，不再四处闲逛。

虽然这种解决办法看起来有些极端，但是不论是在墙上凿个洞，还是买名片夹，这些经理做的都是同样的事情：避开员工的弱点，以便他们把时间花在优势上。就像所有发挥优势的策略一样，设计一个支持系统比设法改正一个弱点更有效，也更爽快。

有时，支持系统会有不同的用途。一家大型连锁餐馆承诺雇佣一些智障雇员，确信他们可以为这些人找到一些简单而有意义的工作。事实证明，他们的利他主义在现实世界中做起来有时是不容易的。总经理谈到一个叫贾尼斯的员工，她的任务是把鸡包装拆开，将每一块鸡肉小心地放入油炸机，然后在计时器响的时候把所有的鸡块都捞出来。贾尼斯能够完全理解这个职位的要求，并且把每道工序做得很完美。但是她不会数数。不幸的是这个油炸机只能炸六个鸡块，而贾尼斯却时常装得过满，以至每块都炸不熟。

公司本可以因为贾尼斯不能数数而轻易放弃她，但是决定不这样做。相反，他们发明了一个简单的支持系统来避开她的弱点：他们请鸡块供应商按每包装六块送货。这样贾尼斯就不必数数，而只需把每个包里的东西倒入油炸机，继而每次都把鸡块炸得恰到好处。但供应商拒绝了这个要求。他们抱怨说："这样我们这头的工作量就太大了。"

公司辞退了这家供应商，而改用另一家愿意按每包六块鸡送货的供应商。现在，没有人在意贾尼斯不会数数这件事。她的弱点已无关紧要了，现在只是一个欠缺。

找一个互补的合伙人

每年，在"领导者是培养出来的，而不是天生的"这个信念的鼓励下，数以万计有望接班的管理人员争相参加领导开发课程。在学习班里，他们了解了标准领导应具备的各种品质和能力。他们从同级和直接下属那里获得反馈，这种反馈揭示了他们独特的领导风格的高峰与低谷。所有的学习和反思结束之后，艰巨的工作开始了。每个自愿参加者被要求制定一项计划，来填平这些低谷，这样，他就可以把自己塑造成标准的领导，面面俱到，天衣无缝。

对于优秀经理来说，最后的一步是个不幸的错误。他们赞同领导者应该了解所有需要履行的职责；他们赞同领导者应该照镜子，了解同级和直接下属对自己的看法。但是最后一步，即制定一项计划使自己变得更全面，在他们看来是极度天真的。如果这个人来培训班时是一个糟糕的演讲者，他离开的时候仍将是一个糟糕的演讲者。如果他不愿意与人抗争，他就会始终设法远离争斗。如果他是不切实际的，他就永远不可能落实他的各种想法。培训班可以使他懂得为什么某些才干重要，以及它们如何奏效。但是不管他如何认真，培训班都不会帮助他获得这些才干。

这并不是一个令人沮丧的发现。历史上美国企业界最著名的领导人向来知道这一点。他们在努力开拓自己的成功时，最不关心的事是使自己变得全面。他们可能知道他们自己的缺点，但是他们中没有人费力把这些缺点转变成优点。他们知道那是白费时间。相反，他们做另外的事情：寻找一个合伙人。

沃特·迪斯尼不必费力就发现了他的兄弟罗伊；由于他们在斯坦福的教授穿针引线，威廉·休利特发现了戴维·帕卡德[1]。比尔·盖茨和保罗·艾伦有幸在他们中学的电脑俱乐部偶然相识。这些格外成功的领导者中没有一个人是全面的。他们或许对各自的业务有广博的知识，但是就才干而言，每个人只在一两个主要领域出众，而在其他方面则比较迟钝。每个合作伙伴关系之所以卓有成效，恰恰是因为一个合伙人愚钝的方面，另一个合伙人则非常犀利。堪称全能的是全体合伙人，而不是每个个人。

即使貌似独立的领导者通常也用与其互补的合伙人来平衡自己的行为。在迪斯尼，聪明过人和酷爱竞争的迈克尔·艾斯纳得益于与讲求实际和脚踏实地的弗兰克·韦尔斯的合作。在电子数据系统公司，在性情急躁而充满灵感的罗斯·佩罗身后，你会发现米奇·哈特这位总裁在英明地把舵。

从这些领导者身上得到的启示是显而易见的。你的成功秘诀在于寻找各种途径，来发挥自身优势，而不是设法纠正自身缺点。

---

[1] 威廉·休利特（William Hewlett）和戴维·帕卡德（Dawid Packard）：惠普公司创始人。（译者注）

第 5 章
第三要诀：发挥优势

如果你在一两个重要的领域里很愚钝，那就设法找一个合伙人，他的高峰恰好与你的低谷匹配。有这样一个合伙人来平衡，你便可以自由地磨砺你的才干，使之更犀利。

这一启示适用于几乎所有的职位和职业。因为几乎没有人是完全适合他们的职位的，优秀经理总是在寻找各种方法，用一个人的高峰来弥补另一个人的低谷。

简·B手下有一个极富创造力的研究员，名叫黛安，她好像天生不会及时提交她的开支报告。简不是浪费时间去责备她屡教不改，而是干脆告诉她："你每次出差回来后，把你的费用票据装进一个信封交给拉里。他会替你把费用计算出来。"拉里不是助手，而是同黛安一样的研究员。但是，他是这个工作小组中最井井有条的人。所以他得以有机会处理同事的开支。这可能是不合常规的，并且肯定需要拉里和黛安的相互信赖和尊重。但是对简而言，这是充分利用拉里的才干，同时帮助黛安摆脱弱点的唯一方法。

软件销售经理杰夫·B不仅是一个诚恳、热情和专业的人，事实证明，他竟然还是一个糟糕的规划者。他承认："我从不擅长策划。""我善于在现场面对面地建立信任。我也善于在两万尺高空寻找规律，设定方案。但是我在这中间部分却很糟糕。这部分是托尼的擅长。当我们面对同一种情况时，他的问题和我的不同。我会问'如果……会怎样'或者'为什么不……',而他会问'多少',或者'什么时候',或者'证明它'。如果把我的不成熟想法拿到董事会上,每次都会被否定。但是鉴于我们集思广益,我们的案子就很有说服力,每次都被顺利采纳。我对托尼说,我们单枪匹马算不了什么,但是我们两个加在一起就充满了智慧。"

当你采访优秀经理时,你会听到一大堆这样的例子。很快他们所描述的合作关系就变得典型化了。当然,富有创造力但不切实际的思想家最终与老于世故和精通商道的经营者结伴。当然,不善行政的销售员会同"事无巨细"的办公室经理合作。当然,不可一世而又急需帮助的大能人会向恩威并施的老手求教。这是不可避免的。这些事情会发生。

但是事实并非如此。优秀经理描述的伙伴关系并不具有典型性。它们并非不可避免。每个合作关系事实上是一种反常,是一个经理冲击旧体制,并设法让每个不无瑕疵的人尽其所能的罕见案例。优秀经理如此平淡地谈论这些合作关系,使我们很容易忘记在现实生活中形成这种关系有多么困难。

优秀团队建立在个体优秀的基础之上

健康的合作关系基于一个至关重要的认识:合作双方谁也不

是尽善尽美的。如果潜在合伙人不敢承认他们的缺陷，或者下大力试图改正缺点，或者不愿寻求帮助，那么谁也不会寻找富有成效的伙伴关系。他们羞于承认太多的缺点，而且对愿意提供帮助的人心存戒备。

奇怪的是多数公司积极地鼓励这种行为。工作描述，即使是最简单的职位，也会长达两三页，以求涵盖完美的在职者有能力完成的每个工作细节。培训班和发展计划锁定你一筹莫展的几个行为。人人都在讲需要"拓宽你的技能"。

就阻碍"合作关系"而言，最常见的例子或许见于针对团队和团队协作的传统智慧。传统智慧关于团队的一句名言是"团队中没有'我'"。这句话似乎在强调，团队建立在合作和相互支持的基础上。显然，整体比它的个体部分更重要。

表面上，这好像是天经地义的。从这些观点出发，许多公司致力于建立自我管理的团队。团队成员被鼓励去轮流担任团队中的不同职位。他们学会担任的职位越多，得到的薪金就越多。并且每个人都被要求专注于团队而不是个人的目标和业绩。

然而，用传统智慧来看待团队合作是危险的误导。优秀经理并不认为，一个有成效的团队是以同志间的友谊作为基石，并且团队成员能同等扮演全部角色。相反，他们将一个有成效的团队定义为，在这个团队中，每个人都知道他在哪个职位做得最好，并能最经常地发挥所长。

基本的原则是，优秀的团队是建筑在个体的优秀之上的。所以，经理的首要职责是，确保每个人被派往最合适的职位；他的第二个职责是平衡每个人的优势和弱点，以便他们互补。到那时，并且只有到那时，他才能把注意力转向诸如"同志间的友谊"或者"团队精神"等更广泛的题目上。偶而，一个成员可能不得不离开他的职位去支持另一个，但是这种应急的做法在一个出色的团队中应该是例外，而不是常规。

吉姆·K是一名陆军上校。我们都知道，军队往往强调灵活性和战友情意超过个人表现。他这样描述团队建设：

"第一次召集全排人的时候，我要每个人告诉我，他最想做的事情是什么。一个说射击，一个说无线电，一个说爆破，诸如此类。我绕着全队转，同时做记录。接下来分班的时候，我尽力派每个人去做他说最想做的事。显然，你在分配工作时无法做到十全十美。并且每个士兵将被要求学会全排的每项任务，因为在战斗中，我们可能减员，其他士兵都应该能顶替上去。但是你首先必须给每个士兵安排一个适合他的任务。如果你安排错了，你的排在战斗中就会挨打。"

传统智慧将个人的专业化视为团队协作的对立面，而优秀经理则视此为基本的原则。

如果个人的定位是举足轻重的，那么在一个优秀团队的中心一定有一个"我"。一定有许多强有力的、独特的"我"。一定有许多个人，他们十分了解自己，足以为自己选择正确的职位，而且大多数时间感觉得心应手。如果一个人加入团队时对自身优势和弱点不甚了了，那么他就会由于表现不佳和改换职位的含糊欲望而拖整个团队的后腿。有自知之明的个人——强有力的"我"——是建设优秀团队的砖石。

寻找替代职位

有些人的确是无可救药。你扣动能想象到的所有扳机：你培训；你找合伙人；你买名片夹，教拼写检查，或凿开办公室的墙。可是都无济于事。

面对这种情况，你别无选择。你必须为这个员工另找一个职位。你不得不请他走人。有时矫正一个不良关系的唯一途径就是摆脱它。同样，有时矫正欠佳表现的唯一途径是让当事人离职。

你怎样知道你是否到了这一步？你永远也说不准。但是顶级经理提出如下建议：

你应该帮助每个雇员避开弱点。但是，如果对某个员工，你花了大量时间想避开他的弱点，结果却发现你派错了职位，到了这一步，就应重新分派，而不是试图改变当事人。

第 6 章
第四要诀：因才适用

First,
Break All the Rules

- 我的职业道路出了什么问题
- 为什么总把员工提拔到他们不能胜任的级别
- 如何在每个职位上创造英雄
- 什么是推动新职业的驱动力
- 优秀经理如何解雇员工又能保持关系完好

我的职业道路出了什么问题
——盲目、疲惫的攀登

每一个经理迟早都会被问及一个问题:"从这个职位开始,我能向什么方向发展?"每个员工都想发展,他渴望挣更多的钱,获得更高的声望。他感到很烦恼,因为他完全可以胜任更多的职责却未被重用。不管原因何在,每个员工都期待升职,并希望你能够帮他一把。

那么你应该告诉他什么?你应该帮助他升职吗?你应该让他去和人事部谈吗?你应该告诉他,你所能做的只是推荐他一下而已吗?正确的答案是什么?

其实并没有唯一正确的答案,不同的情况可能会有不同的正确答案,但是处理这个问题却有一个正确的方法,那就是帮助每

第6章
第四要诀：因才适用

一个雇员找到最适合他的职位，帮助他找到能让他多做他天生就爱做的事的职位，帮助他找到与其技能、知识和才干的独特组合完全吻合的职位。

对一名员工而言，这也许意味着把他提升到主管的位置，但对另一名员工，则或许意味着被解雇；对一名员工来说，这也许意味着鼓励他在目前的职位上继续发展，而对另一名，则可能是让他返回原职。答案是迥然不同的，有些可能是非常不受下属欢迎的。但是，不管良药多么苦口，优秀经理都会坚守自己的目标。不管员工想得到的是什么，经理的责任就是要将他们引到最有可能取得成功的职位上。

这些观点写在纸上看似简单，但你可以想象到，实践起来却极具挑战性。这主要是因为在现实生活中，传统智慧断言：对于"从这个职位开始，我能向什么方向发展"这个问题，"向上爬"就是正确的答案。

传统智慧建议，职业应该沿着指定的道路发展：你从一个低级职员做起。你学到了一些专门技能，所以被提升到稍多一点伸展空间、稍少一点琐事的职位。下一次升职，你就可以管理其他低级职员。再以后，有了优秀的工作表现、良好的机遇和融洽的人际关系，你就可以平步青云。到那时，你可能几乎记不得低级职员都做些什么事了。

First,打破一切常规
首先,Break All the Rules

1969年,劳伦斯·彼得在他的《彼得法则》一书中曾警告,如果我们毫无异议地沿着这条道路走下去,那么我们最终会把每个员工提升到一个他所不能胜任的职位。这个观点在当时是正确的,现在仍然正确。不幸的是,在这期间的这么多年时间里,我们并没有卓有成效地改变这一切。我们还认为,如果员工在一个职位上表现出色,对他最有创造力的奖赏就是把他从原来的职位上提拔出来。我们仍然把工资、额外津贴、头衔跟他所处的职业阶层挂钩,所处的阶层越高,工资就越高,额外津贴就越丰厚,头衔也越大。我们所发出的每一个信号都在告诉员工,你要向前看、向上看。"不要在你现在的职位上呆太久。"我们发出忠告,"否则内容贫乏的简历会很难看。要不择手段地为下一步目标努力奋斗,这是前进的唯一方法,也是获得尊敬的唯一方法。"

尽管用意良好,但这些信号却置每个员工于极端危险的境地。为了赢得尊敬,他知道自己必须向上攀登。而每当他跨上一个台阶时,他都看见公司焚毁他身后的台阶。他不能顺原路返回,否则他便会归入失败者的行列,所以他必须继续盲目而疲惫地攀登,直至顶层。迟早他会走过头,迟早他会步入一个错误的职位,然后他就会被困在那里。他既不愿意往回走,又没有能力向上爬,不得不坚守在那层台阶上,直到最后公司叫他走人。

第6章
第四要诀：因才适用

爬过了头

马克·C出局了。他被公司从台阶上推下来，又推了出去。他站在宾夕法尼亚大街上凝望着白宫，竭力回想所发生的一切。

两年以前，他还一直与手提箱相依相伴。作为一家欧洲电视台的驻外首席记者，他发觉自己这个星期在扎伊尔报道一个独裁者的覆灭，下个星期则出现在车臣，报道叛乱分子撤退的情况。无论他去哪里，大家都公认马克是专家。不知何故，他总能找出所有愤怒和混乱的核心，并且揭示疯狂行为背后的某种意图。当军队炮轰集市，当狙击手射杀赶着上班的平民时，人们总能看到马克在现场解释发生了什么事，为什么会发生这样的事，以及这一切究竟意味着什么。对他的观众来说，他是一个冷静的、权威的存在。他们相信他，所以当他被派驻耶路撒冷时，没有人感到意外。

在驻外记者这个行当的阶梯上，华盛顿是最高一级。这里有最显赫的地位，最多的金钱，并且更重要的是，最长的节目时间。这是业内人士梦寐以求的职位。如果说华盛顿是龙头老大的话，耶路撒冷则紧随其后。世界上局部冲突具有重大全球效应的地方并不多，耶路撒冷是其中一个。它比布鲁塞尔的欧盟会议更有趣，比冷战后的莫斯科更重要，它是驻外记者魂萦梦绕的地方。

在耶路撒冷，马克的才干日益精进。以色列是一个小国，不管哪里出了事，马克都能够及时从现场发来报道。以色列定居点人正在反对最新的和平协议吗？马克会出现在人群中，与他们一起游行，压倒人群的喧闹大声做着报道。巴勒斯坦青年正在向以色列军队投掷铺路石吗？镜头上的马克置身于一条狭窄的巷子里，简明扼要地揭示人们愤怒的原因。在中东灼热的气候中，马克成了表达理性的冷静的声音。

一年之后，他的欧洲经理们让他登上了这行的最高一层阶梯。他们给他金钱、地位和华盛顿的曝光率。马克热爱自己以前的工作，但是他又不可能拒绝这个升职的机会，因为这是新闻圈里最好的工作了。他最后一次欣然卸下他的行李箱，在华盛顿驻扎下来，成为最新、最好的华盛顿分社主任。但是很快这一切就开始崩塌了。

至少在他任职期间，华盛顿除了偶尔有几桩无关痛痒的丑闻外，并没有发生多少事。也许这个星期总统否决了议案，而下个星期可能是议员阻挠议事，但是在欧洲很少有人理解这类事件，更少有人会关心这些事。多数新闻枯燥重复，重要但无趣。华盛顿分社主任的工作就是炒作这些单调乏味的政治题材，增加英雄和恶棍的角色，以及眩目的成功和一败涂地的情节。他的工作就是添油加醋，使这些事妙趣横生。

马克却做不到这一点。他精于从政治的角度诠释真实的生活戏剧，却拙于以戏剧的形式去表现政治。马克可以完美地报道迫击炮袭击事件，但在以发表总统国情咨文为最大新闻的华盛顿，他却显得手足无措。这些故事没有人要看，他的报道空洞无物，他陷入了迷途。

在欧洲，他的观众离他而去。他的欧洲经理们虽然不明白问题出在哪里，却都意识到了异常。他们继续支持了他一阵——因为他确实值得他们的支持——但随后他们就拔掉插头。短短六个月的时间，耶路撒冷的英雄便落魄华盛顿，他被解职了。

马克的工作看似奇特，但他的命运却很平常。为了发展自己并取悦领导，他不断地攀登阶梯，直到有一天爬过了头。令人心痛的是，同样的事情无时无刻不在发生。为了赢得金钱、头衔和尊敬，教师必须成为校长；经理必须跻身于高级领导层；护士必须立志成为护士长；工匠必须渴望成为工头；记者们则必须争当新闻分社主任。在大多数公司里，马克的命运正等待着大家。

劳伦斯·彼得的观点是正确的，大多数雇员都被提升到一个他们不能胜任的级别。这一切都是必然的，因为它已经根植于制度之中了。

另辟蹊径

这种制度本身就有缺陷，因为它是建立在三个错误的假设之上的。

第一种谬论认为，职业阶梯上的每一级仅比前一级稍微复杂一点。因此，如果一名员工在一级上表现出色，那么可以肯定，稍加训练，他就可以在更高一级重复先前的成功。顶级经理对此嗤之以鼻。他们知道一级未必通往另一级。

第二，传统职业道路注定会导致冲突。它把荣誉局限于职业阶梯顶端的少数几级，继而引诱每一个员工争攀下一个台阶，即便是最有自知之明的人也不例外。每一级都有一场竞争，而鉴于级数远少于员工数，每一场竞争的结果是输家大大超过赢家。优秀经理们有个更好的想法。为什么不通过广施荣誉来解决冲突呢？为什么不把荣誉授予每个职位上的优秀员工，继而开拓其他可供选择的职业道路呢？为什么不在每一个职位上创造英雄呢？

第三，这种体制最具破坏性的缺陷是，它认定，多样的工作经验会使员工更有价值。这个假设促使员工刻意寻觅便于推销的技能和经验。有了这些可以骄傲地显示在履历上的技能和经验，他们便可以待价而沽或毛遂自荐，以求被选升到下一级台阶。在这出戏中，员工是恳切的申请者，经理是守门员，他们让申请者们向后退，然后从中提拔最有吸引力的员工，即那些技能最精、经验最丰富的员工。

第6章
第四要诀：因才适用

优秀经理们知道这整场戏都演错了。在他们看来，寻觅适于推销的技能和经验不应该成为员工职业发展的驱动力。他们在构想着一种截然不同的驱动力，他们的脑海中已经有了全新的职业构思。

为什么总把员工提拔到他们不能胜任的级别
——一级未必通往另一级

为什么我们坚持认为，员工在一级台阶上的成功会导致他们在更高一级台阶上成功呢？对于什么可以培训而什么不可以，我们往往倍觉困惑。我们也不能区分技能、知识与才干，而笨拙的自我表达使我们很容易说出这样的话："如果约翰已被证明是个优秀的销售员，那我们肯定能把他训练成为一名优秀的经理。"或者是："既然简已经被证明是一个能干的经理，我们一定能教她学会杰出领导所需要的战略思维及远见。"

如前所述，现在我们知道，各个职位的卓越表现需要截然不同的才干。才干与技能和知识不一样，它是很难培训的。我们明白这个道理之后，就可以破除一些长期存在的职业道路。我们知道销售所需的才干和管理所需的才干，虽不彼此排斥，却是十分不同的。你在一方面表现突出，并不能说明你在另外一方面也很优秀。论及管理所需的才干和领导所需的才干，也是同样的道理。实际上，我们可以用同样的方法去分析所有的职位，甚至那些乍看非常相似的职位也不例外。

举个例子，让我们来看一下IT业通常的职业道路。如果你在IT业工作，开始的时候你可能会当计算机程序员，编写程序，然后你会升到系统分析员的职位，设计集成系统。从程序员到系统分析员，这只是传统IT职业道路上最初的两层台阶。鉴于它们表面上很相似，这种过渡似乎是职业发展的一个明智的选择。

实际上，这两个职位是完全不同的。杰出的程序员具有一种叫作"解决问题"的思维才干。最优秀的程序员想得到拼图板的所有拼块；一旦配全了拼块，他们就能使用其独特才干把这些拼块重新排列，直至实现完美组合。在私人生活中，这种才干使他们爱猜第三章中提到的纵横字谜或难题。而在他们的职业生涯中，这种才干使他们能够写出数千行的计算机编码，并将它们按最有效的次序排列起来。

虽然系统分析员具备这种才干也很好，但它与他们工作上的成功并没有特别的联系。相比较而言，他们最重要的思维能力叫作"规划"。他们酷爱应付资料不完整的情况。正是由于缺乏一些最重要的材料，他们才可以做其所热衷的事：穷尽可供选择的方案、做出假设、验证他们的理论。在工作中，这种才干使得他

第6章
第四要诀：因才适用

们能够构造高度复杂的系统，然后测试这些系统，排除故障。如果一个系统有一个小故障，他们会穷尽不同的方案，缩小解决方法的范围，直到判明需要修改的内容、它所处的位置以及修改的原因为止。

解决问题和规划的才干并不是互相排斥的。员工同时具有这两种才干是完全可能的。但如果你有解决问题的才干，并不一定意味着你同时具有规划的才干。为了遵循常规的职业道路而把程序员提升到系统分析员的位置无异于盲目地掷骰子。最后你可能会有一组能干的系统分析员，但也很可能会有一班不称职的人马。

你在提升一名员工之前，务必细心地观察一下，在这个职位上创优需要什么样的才干——成功所必需的奋斗、思维和交往的才干。在细察了员工及职位的特点之后，你可能还会选择提拔他。而鉴于每个人都是非常复杂的个体，你最后也可能把他提升到一个他无法胜任的位置——没有一个经理能够次次准确无误地完成最理想的搭配。但至少你应花时间去权衡一下职位的要求与员工才干是否匹配。

如果马克的上司当初好好地考虑一下这个问题，他们也许会看出，华盛顿的工作与马克的才干是极不般配的。华盛顿需要的是一个擅长炒作的记者，而马克最突出的才干是冷静地解释。

如何在每个职位上创造英雄
——优秀经理的创新晋升法

即使你彻底地调查了员工和他所处的职位是否匹配,你还会碰到一个问题。无论你得出什么结论,员工总是渴望被提拔,因为公司发出的所有信号都在告诉他,职位越高越好。更高的薪水、更诱人的头衔、更丰厚的股权、配备着沙发和咖啡桌的更宽敞的办公室,所有这一切及更多的诱惑正在下一个台阶上等待着幸运的员工。所以,他那么急不可耐地想向上爬,就一点也不足为奇了。

我们必须想个法子改变他们雄心勃勃的奋斗方向,而使之更有成效。

这个法子就是:在每一个职位上创造英雄,让每一个能出佳绩的职位都成为受人尊敬的职业。很多员工仍会选择攀登传统的职业阶梯。对那些具有管理和领导才能的员工而言,这是个正确的选择。但是,在丰厚的激励引导下,其他很多员工会决定转向,把精力倾注在发展本职工作上。优秀经理在构想一个全新的公司,在那里赢得尊敬和声望有很多渠道;在那里最好的秘书拥有副总裁的头衔;在那里最好的管家挣的薪水可以是主管的两倍;在那里任何业绩卓著的人都会受到当众表扬。

第6章
第四要诀：因才适用

如果上述主张听起来有点离奇，那么我们下面不妨来谈谈优秀经理为了建立这样的公司已经在使用的一些方法。

业绩等级制

一个人在他所选择的领域内要花多长时间才能出类拔萃呢？在一项题为"才干发展工程"的研究中，美国西北大学本杰明·布卢姆博士仔细考察了世界级雕塑师、钢琴家、象棋大师、网球选手、游泳运动员、数学家和神经学家的职业生涯。他发现这些不同的职业需要十到十八年的时间才能达到世界级的水平。如果你对此有兴趣，那么他会给你更详细的信息。举个例子，他会告诉你，从你的第一堂钢琴课开始到你取得范·克莱本、柴可夫斯基、萧邦钢琴比赛的胜利需要17.14年时间。尽管这样的数字让人觉得有点太精确了，布卢姆博士的总体观点却是很好明白的。不同的人和不同的职业所需时间的长短可能会有所不同，但是不管你是教师、护士、销售员、工程师、飞行员、服务员或神经外科医生，你要成为世界一流的专家是要花费多年时间的。正如哲学家和现代医学的奠基人希波克拉底所言："生命是短暂的，艺术是长久的。"

如果一家公司要求所有职位上都有一些员工的表现能够接近世界水平，它必须设法鼓励员工专注于发展其专长，而为每一个职位按业绩定等级是最行之有效的方法。

律师们很久以前就领会到这一点了。刚从法学院毕业的年轻律师，选择公司法、刑法或税法作为自己的专业，被相应的法律公司聘用，成为低级职员。四至五年之后，他会被提升为职员，继而达到高级职员的位置。他作为高级职员，仍将在自己所选择的领域里从事法律工作，只是更精通些而已。他还需要五年时间才有希望被提升到公司股东的位置，先当低级合伙人，然后一步一步地升到合伙人和高级合伙人的职位。作为公司里的高级合伙人，他在备受大家尊敬的同时还能挣到丰厚的薪金，但是他所从事的法律业务与他做低级职员时并无差别，只是更复杂一点，并且他可以选择最有趣和收益最丰厚的业务。唯一不同的是，奋斗到如今，他已经成为他所选择领域内的世界级专家了。

很少有人会认为律师事务所是最前卫的机构，但正是由于实施了业绩等级制，它们遥遥领先于大多数其他公司。尽管所有的律师都能自由地选择更为传统的职业道路，比如进入管理层或成为一家公司的通用法律顾问，但是业绩等级制给律师们提供了另一条同样受尊敬的职业发展道路。这条道路不仅给了他们成为专家的机会，而且也提供了他们跟踪自己成长轨迹的简单途径。

并不仅是律师们才意识到业绩等级制的威力。在医学界，从

第6章
第四要诀：因才适用

实习医生到主任医生至少需要十五年时间。在职业运动圈，随着你的技能日益精湛，你便从新手进到替补队员，再到正式队员，直至成为明星运动员。在销售业，入门等级可能是百万元圆桌会议；对初出茅庐的销售员来说，这是很重要的第一步。但这行的巅峰则是总裁俱乐部，只有销售业绩达到一千万，并有出色的客户服务业绩的人才有权加盟。在音乐界，你的进步不是表现在你从小提琴手提升为指挥，而是从最低级的第三把小提琴手升为音乐会大师或首席小提琴家。

实际上，凡是个人出色表现受推崇的地方，都有这种业绩等级制。相反，如果没有它们，就表明一家公司公然或偶然地漠视那个职位的优异表现。以此标准类推，这类公司可能并不重视绝大多数职位的出色表现。

如上所述，优秀经理坚决反对这种做法。他们认为，每一个能创造佳绩的职位都是宝贵的，并且每一个职位都有精湛的技艺。因此，无论某个职位表面多么微不足道，他们都努力去设定富有意义的标准，来帮助敬业的员工记录自身进步，直至达到世界先进水平。

⊙ AT&T公司为数百家公司提供救助服务台的解决方案。AT&T的经理们决定根据顾客问题的复杂程度来安排各服务台的任务。一级服务台处理诸如"我该怎样打开计算机"的简单咨询。

二级服务台接手稍难一点的问题。三级服务台则负责解决令顾客惊慌失措的难题，例如"我该怎么办？我想我刚刚把我们整个内部网都给毁坏了！"这三个截然不同的等级划分不仅是组织业务最有效的方法（每一级都有不同的速度及不同的电话咨询量等），而且也为那些只想成为高级技术人员而不是主管的员工提供了一条真正的职业道路。

⊙ 在菲力浦石油公司，经理们为员工提供了一条备受尊敬的工程师的职业道路。如果员工在指定的发展过程中技术熟练，他就可以在这条道路上一步步地进阶，直到达到主任级的位置。如此，他会被公认为全公司里最有成就的工程师之一。

⊙ 80年代中期，盖洛普与联合啤酒公司合作，去度量酒吧招待员的业绩。酒吧招待工作表现出色的一个重要指标是，不仅记住常客的名字，而且记住他们喝什么酒。我们设计了一个叫"一百俱乐部"的活动。任何酒吧招待员如果能够证明自己知道一百个人的名字以及对应的酒名，就可以获得一枚奖章和一笔奖金。这个活动有若干级别，最高级为"五百俱乐部"，它的奖品更好，奖金更丰厚。

当我们与联合啤酒公司推出"一百俱乐部"活动的时候，没有几个经理相信会有人达到"五百俱乐部"级别。但是到1990年为止，英格兰北部一间酒吧的招待贾尼丝·凯却成了"三千俱乐部"的第一名成员。她知道三千个常客的名字以及他们最喜爱的饮料。从这一点看,贾尼丝是世界上最好的酒吧招待员。

这说明了一个问题:在大多数情况下,不管什么工作,如果你对它进行度量和奖励,人们就会努力创优。

这里举的只是经理用等级制引导员工达到世界先进水平的几个例子。像这样的业绩等级制对经理来说是弥足珍贵的。现在,当他们再碰到"从这个职位开始,我向什么方向发展"的棘手问题时,他们就能够提供另一条特殊的、受人尊敬的职业道路去取代原先盲目而疲惫的攀登。

宽带工资制

这种业绩等级制肯定会帮助员工改变努力的方向,以求达到世界级水平。然而,如果所有工资信号都在指示雇员向上看,那么经理们调整职业方向的努力将永远受挫。

尽管金钱激励每个人的方式不同,但事实上我们中没有几个人厌恶金钱。虽然不是每个人都会对金钱如饥似渴,但毕竟只有很少人觉得金钱着实令人讨厌。因此,这简单的道理说明,如果经理们为新的职业路径提高工资,他们改变员工的职业选择方向就会容易得多。

最理想的工资计划应允许公司根据员工在各自职位上所表现

出的实际能力成比例地支付报酬——他越优秀，所获报酬就越高。在实践中，这一理想的计划变得复杂化了，因为有些职位比其他职位更有价值。总体看，飞行员很可能比乘务员更有价值，校长比老师更有价值，饭店经理比服务员更有价值。任何工资计划都必须考虑价值差异。

但我们在开始设计工资计划之前，还需考虑到最后一点。有些工作成绩突出的低职位比表现平平的高职位更有价值。优秀的乘务员很可能比普通的飞行员更有价值；出色的教师比新上任的校长更有价值；超级明星级的服务员比饭店经理更有价值。完美的工资计划必须精细反映这种重叠。

这就是简单而有效的宽带工资制。你为每一个职位制订一个可大幅度浮动的工资计划，使得低职位的顶端与上一级职位的底端重合。

例如，在美菱公司，最高级别的金融顾问年薪超过五十万美元。相比之下，最低级别的部门经理年薪只有十五万美元。这意味着如果你是一个非常成功的金融顾问，而你又想加入管理层，你可能蒙受工资减少百分之七十的损失。而对新经理们的吸引力在于，最高级别的经理们的年薪高达百万。因此，尽管你一开始必须承受百分之七十的损失，但如果你能够证明自己善于管理他人，你终将获得非常丰厚的回报。

第6章
第四要诀：因才适用

迪斯尼公司采取一个相似的方法。如果你是他们一家豪华餐馆里的一名优秀服务员，你一年可以挣到60,000美元以上。如果你选择去攀登经理的职业阶梯，你的起薪一年只有25,000美元。同样，一旦你显示出优秀的管理才华，一步步地升到不同的主管级别，你的薪酬总额远不止60,000美元。但是，开始的时候你的薪水会被砍掉一半。

即使等级森严的传统机构也开始试行宽带工资制。马丁·彼是中西部一个州府的警察局长。根据他的描述，传统的职业道路是一步步从警官升到警察中士（一线主管职位），到警察上尉（几年前刚刚撤销中尉的职务），再到副局长、局长。他说："过去警察要想多挣钱，唯一的方法就是进入管理层，从警官升为警察中士。现在所有的工资等级都相互重叠。如果你是一个极出色的警官，你无须等到升任警察中士才能挣很多的钱。实际上，我手下最优秀的警官比他们的上尉挣得还多。"

表面看，宽带工资制似乎很混乱。一线员工挣的薪水是经理的二到三倍。整个世界的秩序都颠倒了。但细想一下，宽带工资制颇有道理。

第一，由于工资宽幅浮动，我们就能将一个职位上的顶级业绩区别于平庸表现，并予以重奖。一如业绩等级制，凡是个人优秀表现受到尊重的地方，我们都可以看到宽带工资制。在职业体育界，不管在什么位置，超级明星挣的钱比普通运动员多好几倍。这同样适用于演员、音乐家、艺术家、歌唱家和作家。在所有这些行业中，宽带工资制鼓励个人精益求精，从而达到世界先进水平。优秀经理们建议我们将此逻辑运用到所有的职位上。

第二，因为有了这种相互重叠的工资带，宽带工资制减慢了盲目而疲惫的攀登。它促使员工看清四周，并自问："我为什么要争取升职？为什么我要不遗余力地爬上另一级台阶？"要是没有宽带制，他对这些问题的回答会因为认定提升就能多挣钱而变得模糊不清。而有了宽带制，员工就会先了解新职位的工作内容，并权衡一下该职位的职责与自身优势是否相称，然后再做出回答。他的回答会更诚实、更准确。他至少会把是否称职与金钱利益放在同等地位上权衡，然后再做出职业选择。

一些公司把宽带工资制发挥得淋漓尽致。斯特赖克是一家价值高达20亿美元的医疗设备制造商。其营销人员的工资幅度介于新手的40,000美元到精英的250,000美元之间。如果你决定升到管理层，你的薪水会被减少百分之六十。一个新上任的地区经理的起薪略低于年薪100,000美元。有趣的是，管理层的封顶年薪总共200,000美元左右，低于营销员的封顶年薪。换言之，公司的顶级地区经理永远挣不到顶级营销员的薪水。斯特赖克为什么选择这种做法呢？有很多原因：他们非常重视顶级营销员；他们想吸引顶级营销员与客户保持尽可能长久的紧密联系；他们要每一个员工在选择经理阶梯之前三思而后行。不管是什么原因，他们的计划证明非常成功。依靠这些营销和管理的中坚力量，斯特赖克长达二十年保持百分之二十的销售和利润年增长率。

宽带工资制是优秀经理武器库中的一件利器，使他们得以信守承诺：每一个工作成绩突出的职位都应当受重视。如果斯特赖克的例子显得有点走极端的话，那就请你记住这一点：在盖洛普对众多优秀经理的访谈中，我们发现他们都愿意聘用那些收入很快会大大超过自己的员工。

富有创造力的应对举措

优秀经理不得不在一个敌对的世界中寻求生存。大多数公司并不重视每一个职位的佳绩，他们不会为员工提供其他可供选择的职业道路，而且他们不会给他们的经理提供空间去设计业绩等级制或宽带工资计划。如果你发现自己正处于这种束缚重重的环境中，你该怎么办？

布莱恩·J可以告诉你解决的方法。他的建议就是：悄悄地但又是有创造性地应对。布莱恩在一个大型媒体公司里负责管理艺术家们。他的公司决心建立一个复杂的等级制，它包含三十多个不同的工资级别，每一个级别都清楚地规定了福利及额外津贴。在这个精心构筑的体系中有一条规定，除非你管人，否则你不会被提升到主任一级的职位。另一条规定是，只有主任才享有股权和出差坐头等舱等待遇。

"我被夹在中间左右为难。"布莱恩说，"我想向我最好的美术设计师们说明他们是多么宝贵，但规定就是规定，不能打破。如果不把他们提升为经理，我就不能给他们主任级别的职位及相应的待遇。但是我又不想把他们提拔到经理的职位，因为他们的才干不在这方面。相反，我想让他们每一个人都成为低级美术设计师们的导师。他们只负责传授技艺，而不必去管理他们。然后，我告诉人事部，据我所知，导师和经理是平级的，因此我有权把他们提升到主任级别的职位。在人事部我虽费了些口舌，但最后还是如愿以偿。"

加斯·P讲了一个相类似的故事。加斯在一家航空工业公司领导一个应用技术部门。在车间，他雇用了数百名技术专家。

"我有一个最好的工程师名叫迈克尔·B。在我们这里，规定很死板。每当我们要给迈克尔奖励的时候，我们必须提拔他。经过大约十年的提拔，他发觉自己所喜爱的工程活越干越少了，而说实话他并不擅长的管人的活却越干越多了。因此，我们决定设立一个新的职位——工程专家。迈克尔将成为巡回大师，只参与

第6章
第四要诀：因才适用

最复杂的项目。他也是智多星，负责最后定夺各班组遇到的所有技术难题。这样，他不用再承担任何管理工作。我规定这是副总裁级别的工作。在获得人事部的批准后，我就提拔了他。我从未让一名员工这么快乐过。"

劳拉·T是德克萨斯基地石化公司的总裁，她面临着相似的局面，但她的解决方法稍有不同。

"我有很多渴望发展的员工，而且他们应当受到奖赏。但是我们公司目前陷于停顿，没有新的职位。因此我选出那些工作成绩最突出的人，给他们分配一些很特别的项目。这些项目有明确的目标及时间表。一旦目标达到，项目组就解散。像这样的特别项目开展得非常好，因为它们给了我的优秀员工一个发展的机会，同时也给了我一个认可他们优异的工作表现的机会。人事部批准我发给每个成功的组员一张周末去达拉斯度假的礼券和一张观看牛仔队比赛的球票。这样的褒奖对你来说可能算不了什么，但对我们这样一家传统的石化公司来说却是全新的思维。"

上述每一位经理都试图用自己的方式提供一条获得发展和提高声望的新途径。在束缚重重的环境中，他们成功地设计了一些创新的方法，既鼓励了雇员的出色表现，又不必将他们从现职提升。他们都试图在每一个岗位上推出英雄。

什么是推动新职业的驱动力
——三个故事和一份新工作

毋庸置疑，今天变化莫测的商业环境使雇主与雇员的关系发生了变化。雇主们强烈地意识到保持灵活的必要性，不再保证终身聘用员工。他们所愿做的只是使员工有终身受雇和就业的能力。"万一我们必须为削减劳动力成本而裁员，我们将为你提供适于推销的经验，以吸引其他雇主。"跟二十年前相比，情况当然有了变化，但是优秀经理们坚持认为，这只是表面的变化，其实质并没有多大变化。

传统职业观念认为，职业的动力来自于员工自我完善以及给自己填满诱人的工作经验的欲望。他不应该在某一个特定职位上呆得太久，而应该每隔一两年就从一个职位跳到下一个职位。随着时间的推移，他的个人履历会变得很丰富而给人留下深刻的印象。在终身聘用的条件下，在企业内部晋职的阶梯上，那些简历内容给人印象最深刻的员工最有可能被提拔上一层台阶；在只提供终生就业能力的条件下，那些简历最诱人的员工最有可能被外来的新雇主争相聘用。尽管工作的地点不一样，但是这种假设却是相同的：多样化的工作经验会让员工更有吸引力。因此，从传统智慧的角度看，所谓职业道路，就是员工刻意寻找有趣和适于推销的经验。

优秀经理对此持有异议。获得各种经验虽然重要,却与职业的健康发展关系不大。它不是驱动力,而只是装饰品。他们认为,职业健康发展的真正能量源于别处。多听他们的故事,你就能明白它到底源自何处了。他们讲述那些每走一步都要照照镜子,以便清楚地了解自己的员工们的故事。在有些情况下,他们会主动照照镜子,而在另外一些情况下,他们需要别人劝导,才会转过头来好好看看自己。在有些故事中,自我发现证实他们应在原来的职业道路上坚持到底。

三个故事

在下面讲述的三个故事中,自我发现促使主人公们改变了职业方向。不管故事的细节是什么,阐述的道理却是一样的。

他们重复的故事揭示了自我发现是职业健康发展的驱动和引导力量。职业健康发展的能量源自找到自己已经具备的才干,而不是给自己填补很多适于推销的经验。自我发现是一个漫长的过程,永远也不可能完全实现。但是,优秀经理们深知,这种全面了解自身才干和欠缺的探索才是推动职业发展的能量之源。

1. "不"博士的故事

乔治·H是一家大型房地产开发公司负责业务发展的副总裁。

他是从项目经理一步步地升上去的,目前正处在职业发展的中途,成为公司的二把手。他的顶头上司名叫霍华德·P,是一个思维活跃、口齿伶俐的冒险家。乔治十分胜任目前的职位。当霍华德大胆地构思着精妙而奢华的计划时,乔治会找出可能使计划出轨的所有障碍和陷阱。乔治称之为"恐怖大展示"。所有人都叫他"不"博士。

"不"博士很受大家的敬重和仰慕,他做事光明正大,英勇无畏,并且注重细节。全公司人人皆知,每一项经过"不"博士精炼过的计划都更加稳固。他是一个非常有价值的主管。

后来霍华德离开了公司,"不"博士升级了,但他很快就失去了同事们的赞赏。"不"博士独特的才能是化大为小,这使他能够将梦想家霍华德疯狂的计划分解成一个个可驾驭的项目,然后再分析其成本、收益及风险。但是没有原材料,没有异想天开的梦想家,"不"博士的才干就无用武之地;而现在梦想家已经远走高飞。

现在公司中还有其他人可以向"不"博士提出像珠穆朗玛峰那样宏伟的计划,但他很快就把它拆成一系列小丘般的低风险项目。这样一拆,原有计划就失去了它的威力,变得得不偿失。"不"博士新上任才半年,就对每个项目亮起了红灯。

"不"博士知道自己在做什么,但奇怪的是他对此束手无策。

第6章
第四要诀：因才适用

只要一想到巨大的风险和众多他所不能控制的变数，他就感觉自己的喉咙在缩紧。他规划越细，喉咙就越紧，以至于几乎无法呼吸。这种情况每次都发生，而且一次比一次糟。现在工作起来他感到身心交瘁，坐卧不宁。

这样的恐慌感有时会让人清醒。那一年，随着时间的推移，"不"博士逐渐明白其他人早就知道的原因：他压根就没有做大事的魄力。那些曾帮他成为梦想家得力搭档的才干只会让公司窒息。若让他拍板，他总会扼杀大胆的计划。

所以，"不"博士辞职了。他成为独立承包商，受客户委托，构想、设计和实施大量的小计划。现在他又可以自由呼吸了。

2. 一个触摸的故事

玛丽·G的手指粗壮结实，前臂力大过人。当她俯身看你时，她的肩膀显得宽大无比。当她向后伸手去撩头发时，你注意到她的肘部惊人地丰满。而当她给肘部施加点压力时，你感觉它们好像有六英寸宽。这是一种很舒服的感觉。

玛丽是一名按摩师，她天生喜欢触摸。"别人的身体令我着迷，当一个人躺在我面前的时候，他们的皮肤仿佛是透明的。我能够看见一组组肌肉伸展开来包围着肩胛骨，横跨过背，向下延伸到大腿。我可以看见哪里的肌肉被拉紧，哪里的肌肉紧缩成肿痛的硬块。我也几乎能看见神经。我感觉有些人喜欢长手法来松弛肌肉，疏通血脉；另一些人则喜欢指压。指压是一种技术，你用手指按压身体的穴位来刺激神经末梢，继而舒展整个神经系统。每个人都是不一样的。"

玛丽完成培训后短短三年，便成为亚里桑那一家高档健身中心最受欢迎的按摩师。到处都流传着这样的话，如果你需要一种无痛的击打来使自己放松舒展，你就必须预约玛丽。

很快她的雇主决定提升她，让她去管理中心做事。这意味着她可以挣更多的钱，就业更有保障，福利更丰厚，同时还可以减少亲自出场。但她却觉得很痛苦。

"我喜欢那种亲密感。作为一个按摩师，我静静地在房间里和另一个人呆上一个多小时，查看他的皮肤，了解和减轻他的痛苦。我逐渐有点喜欢上每一个人。我喜欢那种缓解别人压力所获得的满足感。他们在按摩后立刻就变得不同了。他们的皮肤看上去富有光泽，他们的眼睛更明亮。我知道这种状态会持续许久。对我来说，这种感觉真好，我希望他们也有同样的感觉。"

玛丽想找回那种感觉，于是她辞职去了洛杉矶，在那里建立了自己的按摩所。她的预约本子总是记得满满的，玛丽又可以每天触摸顾客了。

3. 曼迪的设计师故事

我们在第五章中见过曼迪，她是一名部门经理，负责设计徽

第6章
第四要诀：因才适用

标和其他品牌形象。她讲述了这样一个故事。

"我从前任接手了一个名叫珍尼特的女士。她是一名设计顾问。设计顾问有双重职责：第一，与客户接触，了解他们的需求。第二，指导其他设计师满足客户的要求。珍尼特非常有抱负，而且才华横溢，但是她在这两方面的表现都不是很出色。她不是很差劲，但也不是一颗明星，不过她是那种想成为明星的人。

"她很快就意识到我觉得她很平庸，因此她的态度变得很消极。虽然她没有向我直说她的想法，但是我从办公室里她最好的朋友那儿听说，她希望我解雇她，这样她就可以享受失业救济金。她不说出真相让我很生气，但要我被她牵着鼻子走而去解雇她，我也不甘心。我希望她能够坦诚对待自己的感觉和目的。我要她明白，她最终会因为坦诚而受益。

"所以我耐心等待。过了大约四个多月，我们开始交谈。我们讨论了她的表现、优势、弱点、好恶等话题。我告诉她，在这个职位上她表现得不尽如人意并不是她的错。我们必须共同寻找解决方法。

"后来有一天，我突然想到她应该重回学校学习，让自己成为一名设计师，因为她对这一行不仅非常有兴趣，而且很有创造力，更喜欢亲手去做。她对这个主意考虑再三，然后着手实施。她在纽约大学注册入学，获得了学位，现在她在一家大型广告公司做设计师,做得非常成功。

"珍尼特不是一个坏人,她只是选择了错误的职业。而她一旦走上了错误的道路,又不愿意承认自己做出了一个错误的决定。是我帮了她一把。"

有自我发现作为能源,优秀经理们现在能够描绘出健康的职业发展路径。也许是受大学所学专业、家庭或其他不得已的条件的支配,员工选择了他的第一个职位,继而卷入了冲突。在第一个职位上,他并不能把握好自己,对自身工作能力及才干和欠缺并不清楚。当他的业绩达到一定的水平之后,他可能改变职位,也可能在现有的职位上发展。不管是哪种情况,现在他必须照照镜子,问自己:"在这个职位上我很开心吗?我是不是能很快上手?我在这个职位上很出色吗?这个职位能增强我的优势和带来满足感吗?"他有责任寻找线索,说明所任职位与自身才干相匹配。

他开始时也许做销售,然后改做营销。在新的职位上,他愿意脱离客户吗?他喜欢营销内在的模式和概念吗?还是怀念与顾客的直接接触以及单枪匹马完成销售的快感?她开始时可能当航空乘务员,然后去了培训部。她喜欢帮助新乘务员成长,还是渴望那种亲自去帮助疲惫而紧张的乘客放松下来的戏剧和挑战呢?

他一边照镜子,一边学习。每一步都是更多地了解自己的才

第6章
第四要诀：因才适用

干和欠缺的机会。这些发现会引导他走好下面的每一步。他的职业不再是盲目地搜寻可供推销的工作经验和气喘吁吁地往上爬。由于他将注意力集中到那些能使自身技能、知识和才干所构成的优势聚合并发挥的职位，他的一系列选择就会越来越精确。

大多数人在内心深处很可能知道，自我发现对构建一个健康的职业道路是至关重要的；优秀经理的不同之处在于其运用自我发现的独特方式。

首先，他们把自我发现置于中心地位，明确要求每个员工予以重视。麦克·C是一家邮递公司的经理，他描述了自己如何把自我发现从理念转化成简单可行的日常实践。

"每当一名新员工加入我们公司时，我都会告诉他，我们一起工作的主要目标之一就是帮助他进行自我判断。我要他照照镜子。如果他不知道该怎么做，我会建议他进行星期天晚上的忧郁度测试。如果在星期天晚上他没有感觉到任何抑郁和痛楚，而且盼望着下个星期的到来，那么他就该停下来自问：'为什么？'这个职位的哪些方面使他爱不释手？不管答案是什么，他都应该将它记录在案，以确保在他选择另一个职位时还能记得这个答案。

"如果他在每个周末都感到忧郁，这并不一定是他的过错，也不是他的失败。但是他的确需要问自己同样的问题：'为什么？'

什么是他所需要而目前职位无法提供的？同样，当他寻找其他工作岗位时，他应当记得这个答案。"

像麦克·C这样的经理并不是在暗示取得不同的工作经验是个坏主意。他们只是断言，仅此远远不够。他们深知，如果一名员工只顾狼吞虎咽地增长技能和经验，而忽略了"照镜子"，那么他是不可能找到适合他的职位的。这种发展职业的方法就像那种不去锻炼身体，而只靠吞服维生素和减肥药丸来健身一样，是不太可能成功的。

其次，这些模范经理们强调，自我发现的要点并不在于弥补自身不足之处。他们与许多人事部门不同，并不主张你去发现并弥补技能方面的欠缺。根据"不要为弥补欠缺而枉费心机，而应多多发挥现有优势"的精神，自我发现的目的在于了解自己，从而利用自身优势。它要求你控制自身职业发展，做出明智的决定，并且选择越来越适合你天生才干的职位。

优秀经理让员工专注于今天的工作业绩

经理怎样才能帮助员工呢？在新的职业发展中，员工是明星。把握好自己的职业是员工的职责。他有责任照照镜子，并根据自己的发现做出正确的选择。那么经理们究竟应该起什么作用呢？他不再是守门员，精挑细选最有魅力、最有技术和最有经验的求职者。他的作用是什么呢？

有人可能认定，既然员工是明星，既然公司不再保证终身聘用员工，经理的作用已不那么重要了。他应该让员工专注于今天的工作业绩，而不必关心他们明天会到哪里去，那是员工自己考虑的事。再说了，如果经理在员工身上投资太多，他也许很快就会失望的。在瞬息万变的今天，他可能不得不以解聘自己如此精心培养的员工收场。

最优秀的经理们抵制这种观点。他们知道在新的职业生涯中，自己仍可以发挥某些重要作用。他们可以让赛场变得更公平。他们可以举镜子。他们还可以编织一张安全网。

优秀经理使赛场更公平

这就是为什么培育新英雄、设计业绩等级制和建立宽带工资制是如此重要的原因。这些做法创造了一种环境，使金钱和声望能在一家公司的各个层面广泛分布。因为员工现在知道，取得金钱和声望可以有很多不同的途径，所以他在作决定时，考虑金钱和声望会少一些。依据他对自身才干和欠缺的理解，他可以自由地选择职业道路。尽管他仍可能偶尔失足，但更可能不仅专注于能出佳绩的职位，而且专注于那些能为他带来永久满足感的职位和那些他渴望长期从事的职位。

在这个公平的赛场上,你会听到你想象不到的对话,例如软件销售经理杰夫·H对他的主管所说的话。"我喜欢我的职位。我是全公司这一行干得最棒的。我干这行挣了不少钱,而且我从来没有想过自己能发挥这么大的作用。因此,我对我的老板说,'对我来说,你的一大目标就是千万不要提升我。如果你能够做到这一点,那么你可以终身拥有我。'"

优秀经理善于"举镜子"

优秀经理善于"举镜子"。他们善于进行绩效反馈。不要把他们的反馈跟一年一度烦人的绩效考评混淆,后者要填写复杂的表格,并以弥补欠缺为中心;也不要把它与空洞而武断的月度先进员工评比混淆。优秀经理的反馈是截然不同的。

石化公司高层主管劳拉·T对她的员工进行的就是这种反馈。她设计了一种名叫"优秀"的计划;据此,她每季度都要会见二十二位直接下属。"在这些面谈中,我们先对前三个月的工作进行简要回顾,接着转入正题,讨论未来三个月的打算。他们的计划和目标是什么?我们应该用什么样的衡量标准?我与每个人讨论他们所喜欢做的事,以及如何安排工作,使他们能够做更多他们喜欢做的事。"

警察局长马丁·P虽不像这样有条理,却进行着同样的对话。

第6章
第四要诀：因才适用

"我有十六个直接下属。我每星期很可能花二十分钟与每个人讨论他的工作表现、他正在进行的项目、他该如何改进以及我该如何帮助他等话题。这些讨论时刻都在进行。上个月我和一名下属一起去参加一次专业会议。在会上我们一无所获，但我们在飞机上，在租来的小汽车里，以及在旅馆的大厅里却收获甚丰。"

杰夫·H的做法很简单：每季度与手下的每一个销售员一起出一两趟差。"我试图不去扮演骑着白马、高高在上的骑士，去力挽狂澜，转危为安。相反，我与他们一起出差，倾听他们的困难，观察他们如何对待客户。我必须更细致地观察他们工作时的表现。回到办公室，我把我的所见所闻'重新播放'给他们看，然后我们一起讨论计划和目标，并研究进一步发展的最佳途径。我的作用不是纠正或修补。我的作用是让他们了解自己的风格，并且对自身风格所能取得的成绩保持清醒的头脑。"

其他优秀经理们有的使用360°反馈技法，有的运用心理诊断，有的进行员工民意调查或发消费者意见卡。不管他们采用什么方式，选择什么手段，他们都努力去做同一件事情：举起镜子，让员工有机会进一步了解他是谁、他工作得怎么样以及他在世界上留下的脚印。

尽管每个经理使用不同的反馈方法，但是盖洛普通过对优秀经理进行研究，发现他们有三个共同点：

第一，他们的反馈是持之以恒的。他们会根据员工个人的要求或偏好而改变反馈的频率。然而，不管每月二十分钟还是每季度一个小时，业绩反馈面谈是他们每年与员工交往中不变的一部分。这到底代表多少时间承诺呢？从盖洛普研究的经理们看，他们为讨论每个员工的工作方式和表现而花的时间总共是每年每人约四小时。正如一位一线主管所说："如果你不能一年在每个员工身上花四个小时，要么是你的员工太多，要么就是你不配做经理。"

第二，每次谈话开始都要简要回顾一下员工过去的表现。这样做的目的不是对他进行评估——"你应该少做这样的事，你应当改变这种做法。"相反，目的在于帮助员工仔细地考虑他的工作方式，引发一场关于导致这种工作方式的才干及欠缺的对话。在总结之后，大家就将注意力转到将来，以及员工如何利用自身工作方式来提高效益。有时候，他们会与员工一起寻找达到目标阻力最小的路径。讨论的中心议题往往是合作。经理们能用什么样的自身才干来弥补员工的欠缺呢？

在去开会的旅途中，马丁·P的大多数谈话都与合作有关。"这家伙上进心极强，目标极其明确，只是缺乏战略性的思维——他很难考虑到前进途中会遇到什么样的阻碍。在这一点上，我可以帮助他。我会为他设想各种可能的情况。一旦任何一种情况真的发生，我们就可以一起制定应急计划。"

杰夫·H描述了类似的情况。"我的一名销售员熟知所有敲开客户的门和问问题的技巧，但是一涉及定价她就犯难。而我在这方面很在行。因此当我们见面时，她会告诉我买主的具体情况，我则告诉她，是否应该推销租赁、回购、量多打折，还是其他交易。"

第三，优秀经理强调一对一地进行个别反馈，反馈的目的在于帮助每个人了解和发挥自身的天生优势。你不可能在一群人的环境中达到这样的目的。

这些道理听起来简单明了，但是令人惊讶的是，在团队至上的今天，很多经理忘记了花时间与每个员工单独相处的重要性。这正如芝加哥公牛队最成功的教练菲尔·杰克逊所观察的那样：

"我喜欢与球员个别接触，这有助于加强与球员之间一对一的联系。他们有时会被忽略，因为我们花太多的时间与集体在一起。私下与个别球员在一起使我能及时了解球员的场外情况。例如，在1995年决赛中，托尼·库科奇从新闻中得知，他的父母所居住的克罗地亚斯普里特遭到炮击，深感不安。他花了好几天时间才打通电话，了解到他家安然无恙。家乡的战争是托尼生活中最痛苦的事。如果我忽略这一点，我对他的了解就可能停留在最肤浅的表面。"

优秀经理关心员工

菲尔的描述为困扰经理们的一个古老的问题提供了答案,这个问题就是:"你是否应该与你的员工建立亲密的私人关系?"或者,"混得太熟会不会没规矩?"最有效率的经理们肯定地回答,你应该与你的员工建立私人关系。他们不认为混熟了就会没规矩。

这并不意味着你必须成为你的直接下属的密友。当然,如果你喜欢这样做,并且要求员工关注业绩,这也没有什么错。这同样适用于你与员工的社交活动。如果与员工交友不是你的风格,你就不必那么做。如果这是你的方式,只要你坚持按他们的工作绩效来评估他们,那么与员工吃顿饭或喝杯酒并没什么害处。

当菲尔·杰克逊这样的优秀经理说自己与员工建立了亲密的关系,当他们说混熟了并不会没规矩时,他们指的是优秀经理应该了解他的员工。"了解员工"应超出深入了解员工才干及欠缺的范畴,而涵盖员工个人生活中的各种实际问题和悲欢离合。优秀经理并不一定要干涉员工的生活(尽管有些经理这样做),但是他必须了解他们的生活,必须关心他们的生活。

在盖洛普对八万经理的采访中,我们问他们这样一个问题:"假如你有一个能干员工上班总是迟到,你会对他说什么?"他们的回答各不相同,从严厉处罚到放任自流。

"我会开除他。我们不能容忍迟到。"

"我会先给他一个口头警告,接着一个书面警告,然后解雇他。"

"我会把办公室的门锁上,并且告诉他从现在开始,即使你只迟到两分钟,也不准进来。"

"我可以接受。只要他们能呆得晚一点把工作完成,我并不在乎他们几点钟来上班。"

每一个回答都自有它的道理和优点,但是都不是优秀经理们的回答。当他们得知一名员工持续迟到时,优秀经理们会给出一个充分反映其对经理与雇员关系的态度的回答。

"我会问为什么。"

也许迟到与公共汽车的时刻表有关系,也许他必须在家等保姆,也许家里出了麻烦事。当他们了解到员工个人的实际情况后,可能会采取不同的措施——包括把员工的上下班时间改成早上十点到下午五点,或告诉他要尽快把事情解决好。但是不管下一步是什么,他们的第一步总是先去问员工:"为什么?"

菲尔·杰克逊评论个人关系的最后一句话是:"运动员并不善言辞,这就是为什么关心和排除先入为主的倾听如此重要。"

优秀经理编织安全网

传统的职业道路缺乏宽仁之心。当员工从一级台阶爬到另一

首先，Break All the Rules
First，打破一切常规

级台阶，身后的台阶都被焚毁。如果他爬上了一级，却无法胜任，他知道他的名誉会受损害，他的工作危在旦夕。他已经没有退路。这种职业道路阻止大家大胆迈步，因为失足必遭严惩。在传统智慧的世界里，为发现潜能或磨砺才干而大胆迈步，就像不用安全网去学习荡高秋千一样鲁莽。难怪人们会如此小心翼翼地保护自己的职业，对自身反馈充耳不闻，拒不根据自我了解而改变职业道路。这样的职业道路扼杀了学习的机会。

优秀经理极力鼓励职业学习。他们推动员工主动积极地发现自我。因此，他们设计了一张权宜的职业安全网："试用期"。

西南航空公司空中培训经理埃伦·P描述了她所建的安全网。"对空中乘务员而言，走下飞机，走进训练房是很重要的一步。有些人想成为教练是因为他们想少飞行。我们断然拒绝这类人的申请。但另一些人想执教是因为他们想把西南航空公司的传统传下去。如果我们认为他们有才干，并且求职动机端正，我们就会给他们六个月的试用期。

"我们明确宣布，试用期旨在让他们自己、也让我们判断他们是否真的愿意长期从事这项工作。有些人没有意识到执教是很辛苦的。我们的确教授怎样让旅客开心、玩游戏和讲笑话，但是我们也教授很多枯燥的细节，以及很多学生必学的规则。试用期可以让他们了解一下自己是否真的喜欢这种工作。

第6章
第四要诀：因才适用

"在试用期内，我们每个月都跟他们座谈一次，讨论他们的工作表现，哪些地方他们真正喜欢，哪些地方他们感到困难。我们派其他的教练去评估他们的表现，并作反馈。六个月结束时，他们必须通过考试，以证明他们已经学到了所有必要的知识。

"大多数人严格按照要求去做。现在我们有一批十分能干的教练。但是我们所有的学员都知道，如果在试用期内他们自己或公司觉得他们不适合这个职位，那么他们还可以回到飞机上继续从事乘务员的工作。在过去的几年时间里，这种情况发生了好几次。这本身既不是什么羞耻，也不是什么失败。这些人想尝试，想了解自己能否成为教练。他们走出这一步后才知道教学工作并不适合他们。

"我们也受益匪浅。他们回到飞机上后，会集中精力为乘客服务，而不为改行做培训的模糊想法而分心。他们已经关上那扇门，可以继续前进了。"

试用期也是很微妙的。你不能用它来代替选择。像埃伦那样，你只能把它用于那些已经对试用职位显示出才干和兴趣的员工。作为经理，你的主要任务毕竟不是帮助每个员工在公司内部到处试活，以期找到他们想做的事情。你的主要任务在于帮他们找到最适合发挥其才干的职位，继而创造业绩。即使员工恳求你给他们一个发现新才干的机会，如果你知道他并不具备所需才干，就不应向他提供试用期。

此外,如果你使用试用期,就必须像埃伦一样,弄清楚一些细节。试用期多长?你将用什么标准去评定适配程度?在试用期内,你应该与员工见几次面来讨论表现?如果他不适合新职位,那他应该去哪里?如果你想让试用期成功,你必须明确回答所有问题。

最后也是最重要的一点,你必须说明,如果你或员工本人对目前的职位安排不满意,他就将返回原职。这样做可以避免任何令人遗憾的误解。试用期不仅让他受益,对你也一样。如果试用期结束之后,他喜欢这个职位而你却认为不适合,就以你的评估为准。他也许会对此不快,但至少他不会感到被坑了。

优秀经理如何解雇员工又能保持关系完好
―― "残酷的爱" 的艺术

不管员工是处在试用期的最后阶段,还是在目前的职位上挣扎,告诉他坏消息、叫他离职总是让人为难。在盖洛普的采访中,无论是出类拔萃,还是业绩平平,许多经理都承认,每次在进行这种谈话之前总是感到身体不适。不管你采取什么方式,不管你是一个多么高超的经理,把员工调离现职都不是一件容易的事。

第6章
第四要诀：因才适用

这里我们不谈员工做出不仁不义的事情。由于其法律或半法律的性质，这些事情总是是非分明。我们指的是某个员工的工作表现始终令人失望的不幸时刻。

诸如此类的情况往往不太明朗。作为经理，你要做出很多决定：什么水平的表现是不能接受的？在那水平上停滞多久便属于太久？你是否在培训、激励、支持系统以及互补拍档方面给了员工足够的帮助？你应该突然把坏消息说出来，还是给他们一个缓冲期？最后摊牌时，你会使用什么词语？

有些经理对这些问题感到手足无措，因而全然回避。他们采取简单的办法，雇一个新人来"覆盖""问题"员工。短期看，这似乎是一种无痛而便利的解决办法。但长期看，这就如同用洁净的绷带裹住感染的伤口，对公司是致命的。

另一些经理解决问题的方法是与员工保持距离。他们希望使用这样的诀窍来缓解给朋友带来坏消息所必然引起的不安和痛苦。正如菲尔·杰克逊所指出的那样，不幸的是，他们在拒绝了解员工的同时，也减少了帮助员工创优的机会。

残酷的爱

最高明的经理们不会采取上述任何一种回避的策略。他们没有必要这么做。他们使用"残酷的爱"的方法。它不是一种技巧或一系列行动步骤，而是一种思想方法，把他们对卓越业绩的执着追求与对员工的真诚关爱完美结合。这种思想方法迫使优秀经理尽早直面雇员的工作表现，同时也允许他们保持与员工之间完好无恙的关系。

那么什么是"残酷的爱"？它是怎么发生作用的？

"残酷"的因素是很容易解释的，因为优秀经理们评估员工的工作业绩所用的是"优秀"标准。"残酷"意味着他们不会为此打折扣。因此，他们对"什么水平的表现不能接受？"的回答是"表现平平，徘徊不前"。他们对"在那个水平停滞多久便属于太久？"这一问题的回答是"不能太久"。

正是这种坚持优秀、不打折扣的标准使得哈里·D成为两个汽车经销点的成功经理。"我们建立了第二个经销点，它比第一个大得多。我期望创造一种我称之为'一条龙服务的文化'，让顾客无论与销售部、财务部还是服务部打交道时都能体验到同一种高质量的服务。我力图建立一个完全一体化的系统，要求部门经理们全面配合。这是一个宏伟的计划，对吗？但是一开始就出了问题。让我来告诉你这是怎么回事。

"我最大的失误就是提升一个叫西蒙的人去领导销售部。他是从我那个较小的经销点过来的，在那里他是个非常成功的销售部经理。但调到新岗位后，他根本无法与人合作。他不愿意与其

第6章
第四要诀：因才适用

他部门经理交流，不愿意出席会议，也不愿意与其他部门经理一起探讨如何实现系统一体化，消除部门之间的相互推诿，从而改进客户服务。他只关心自己的哥们和销售量。

"与此同时，我在原有经销点愚蠢地提升了一个销售员做经理，他也在苦苦挣扎。这样，我用原先一个成功换来两个失败。真够狼狈的。

"我知道我必须尽快采取行动。我数次对西蒙谈到我的担心，却未见任何改进。所以，五个月后，我就把他叫到我的办公室，告诉他我希望他返回原来那个经销点。我告诉他，在这个新的经销点，我感兴趣的不仅是销量，而且渴望建立一体化和全方位的服务体系，而他却于事无补，因为他独断专行。回到原销售点后，他尽可以我行我素，但在新地方这一套行不通。我对他说，我要送他回去。

"他怒不可遏，好像要揍我一顿。他对我说：'你并没有给我充分的时间。你应该再给我一次机会。'老调重弹。但是我有时比员工自己更了解他们，我知道西蒙不喜欢团队合作。我知道他永远不可能建立我所要的全方位服务体系。我认为最好现在就结束这一切，而不要拖下去，否则他会感到自己更被器重，而我却会日益失望。

"现在他回到了小经销点，干得更出色了。而我也成功地为这个职位物色到了一名善于合作的销售部经理。我大胆开拓的新世界正在顺利发展。"

哈里广受员工们爱戴。当员工找他改变工作时间、请一天假或是为客户办事走捷径时，他都很好说话。但涉及到优秀业绩的标准时，他却毫不让步。正如他所说的那样："优秀是我的要求。如果你不喜欢它，没关系，只是不要到我这儿来工作。"

"残酷的爱"中"爱"的因素有点微妙，它使经理们能用一种没有痛苦和恶意的方式尽早面对员工的欠佳表现。这完全源于对才干的概念的理解。当经理们必须面对员工的欠佳表现时，只要他们想到才干的定义，想到每个人都有其经久不变的思维、感觉和行为模式，他们就会如释重负。为什么呢？因为对才干的理解使得经理们不必埋怨员工。

优秀经理不需要掩饰真实情感。他们明白，一个人的才干和欠缺一旦形成，就很难改变。他们很清楚，如果对员工的欠缺进行不遗余力的弥补之后仍无济于事，就可能说明他的才干与其所在职位不匹配。优秀经理认为，员工持续表现欠佳的主要原因往往不是无能、愚蠢、不听话或无礼，而是错位。

如果员工显然被分错岗位，优秀经理就会举起镜子。他们鼓励员工通过这次失误进一步地了解自身才干和欠缺的独特组合。他们会说这样的话："这个职位不适合你，让我们来讨论一下为

第6章
第四要诀：因才适用

什么。"或者是："你需要找到更能发挥你自身优势的工作。你认为那是什么样的工作呢？"他们使用这样的语言不是因为它是礼貌委婉之辞，也不是因为它能缓解坏消息，而是因为它是真心话。

这就是"残酷的爱"中"爱"的因素。最有成效的经理真诚地关心每一个员工，但是他们赋予"关心"独特的意义。在他们心目中，"关心"意味着帮助员工取得成功。他们真心希望每个员工都找到能够出类拔萃的职位，并且他们知道只有适合其才干的职位才有可能做到这一点。

依此定义，如果一个员工在苦苦挣扎，让他继续从事一个他所不胜任的工作实际上是对员工极不关心的做法。依此定义，把他解雇反而是关心他的义举。这个定义不仅解释了为什么优秀经理能够果断地直面员工的欠佳表现，而且还解释了为什么他们在这样行动的同时仍能保持与员工的良好关系。

总之，"残酷的爱"的思维方法使一个优秀经理能同时保存两种矛盾思想，即：坚持工作高水准和关爱员工，并有效地运作。"残酷的爱"使得IT公司高层主管麦克·H同时说出这样的话："我解雇不合格的员工从不手软。""我真诚帮助我的员工取得成功。"

"残酷的爱"让一家制造业公司的经理约翰·F回忆起这样的经历："我曾经解雇过一些人，但我跟他们的关系很好。我记得，我两次婚礼的两个伴郎都是我以前解雇的员工。"

"残酷的爱"解释了加里·L的一段看似前后矛盾的谈话。加里是一个非常成功的企业家，曾六次获得业界女王奖。一天晚上，他叫一名工厂经理谈话，对他说："请进，请坐，我爱你；你被解雇了，但我仍旧爱你。现在，让我们来喝一杯酒，好好谈谈这事。"

劝员工离职是帮助他解脱痛苦

"残酷的爱"是一种威力强大的思维方法，它提供了一种前后一致的依据和简明的语言来处理棘手问题。但是，如果你把它纳入你自己的管理方式，就必须牢记：劝员工离职永远是一个棘手的问题。"残酷的爱"很有用，但是做起来不太容易。

汽车经销商哈里·D有一句评语："我了解我的员工，有时胜于他们对自己的了解。"一语道破了管理的一个老难题。在"残酷的爱"中，经理必须经常让员工正视他们可能不愿意听到的实情。这种对话始终是微妙的。正因为如此，你需要好好了解你的员工，与他们定期会面，说明你的根据，使用前后一致的语言。

有些人可能会抱怨，即使你做了所有这些事，你仍无权利相信你比员工更了解他们。优秀经理不同意这种观点。当盖洛普问："你愿意给员工们他们想要的东西，还是给适合他们的东西？"优秀经理始终如一的回答是："给适合他们的东西。"

第6章
第四要诀：因才适用

这听起来似乎既专断，又傲慢。但警察局长马丁·P却道出了一个令人信服的观点："我认为，表现差的员工从心底里比你先知道他自己在苦苦挣扎。也许他找不到表达的词汇，也许他的自尊心不容他说出口，但他心知肚明。从某种程度上，他需要你的帮助，所以他下意识地把自己放在一个易于暴露弱点的位置。他向你挑战，逼迫你解雇他。我称此为'经理协助下的职业自杀'。如果你发觉这种情况正在发生，你的最好对策就是帮助他解脱痛苦。

"我过去有一个警官叫马克斯。他不善于处理冲突。想一想，作为警官你会遇到最坏的人以及在最坏精神状态下的最好的人。有时你会被人破口大骂，有时你会挨打。在所有这些情况下，你都必须保持冷静。

"马克斯做不到这一点。他会产生一种受挫感，因而变得愤怒和粗暴。我们有时接到报告，指责他使用污言秽语。此类一般的违纪由内部听证会处理。我会出席这些会议，并宣读报告。马克斯则拼命抵赖。我亲眼看到，马克斯在听证会上的行为与市民的抱怨如出一辙。

"我们向他提供行为咨询。他努力去改。但是本性难移。他继续外出巡逻，继续发怒，继续在听证会上抵赖。他正在经理协助下进行职业自杀。他要我解雇他。这是他唯一的出路。

"于是我这样做了。我把他开除了。他是个好人，只是他的行为举止不适合做警官。通过我们的职业介绍，他在市里找到了一份为保险公司做索赔调停的工作，这工作更适合他的性格。我仍与他保持联系，我们仍然很要好。更重要的是，他干得很出色。"

我们所采访的很多优秀经理重复了马丁的故事主题。当员工被解雇时，他会拒绝面对事实，怒不可遏。但是几个月，有时甚至是几年之后，他会给经理打个电话，写封信，或在机场偶遇时径直走来，告诉他："谢谢你，我当时没有意识到，把我从那岗位上解职是别人帮我做的最好的一件事。"

事情并不总是这样。有些员工会嫉恨到最后。但"残酷的爱"确实为经理和员工提供了一个体面处理棘手局面的方法。"残酷的爱"保全了每一个人。

第 7 章
优秀经理的实用工作指南

First,
Break All the Rules

- 面试时什么是该问的问题
- 如何建立绩效管理常规
- 员工如何自我激励
- 公司如何为优秀经理创造良好环境

每个经理都有其独特的风格。但所有的优秀经理都有一个共同的目标，那就是将员工的才干转化为绩效。他们达到目标的路径便是管理的四大要诀：选拔才干、界定结果、发挥优势、因才适用。

在前面四章中，我们描述了这四大要诀和它们各自的功效，及其对变才干为绩效的重要性。在本章中，我们将谈谈应如何逐一运用这四大要诀。切记，这些要诀并非步骤。它们不是强加在你的自身风格之上的一成不变的行动系列。相反，每个要诀都只是一种思维方式，一种对常规挑战的新观点。一如我们在前言中所言，我们的目的是通过介绍优秀经理的思维方法来帮助你充分利用你的自身风格，而不是用他们的某种标准风格来取代你的风格。

我们并不是建议你实践所有这些行动方案。这些技术仅仅代表了我们从数千名经理那里搜集到的一些典型思路。没有一名经理是面面俱到的。我们建议你从这些方案中进行挑选，然后改进和完善它们，继而变成适合于你的方式。

面试时什么是该问的问题
——关注才干的艺术

确保才干面试的独立性

招聘往往是一个复杂的过程。求职者需要了解你本人、公司、工作,以及薪酬方面的细节。而你要细读他的简历,向他提出薪酬方案;他可能提出修改建议,于是你重新提议;谈判如此持续,直至双方都满意才下决心。这一过程虽然十分重要,但必须与才干面试分开实施。

才干面试必须独立进行。它只有一个目的:发现求职者的思维、感觉或行为模式是否与工作需要吻合。即使不同时完成所有的其他工作,这件事本身已够难的。因此,你应当留出足够的时间,使你和求职者都能理解面试的唯一目的是了解他的才干。

明确告诉他这一面试与其他所有的面试均不相同。面试的结构更严谨，目的更鲜明；问题多，寒暄少。

先问一些开放题，然后少说多听

在面试中了解一个人才干的最好方法是让他在选择中展示自己。在某种意义上，才干面试官应从行为角度向求职者如实描述他在工作中可能遇到的各种情况。在工作中，他每天都会以各种方式对数千种情况作出反应。而他作出的最趋一致性的反应就是他的行为表现。

因此，在面试中，应多问答案多样化的开放式问题，切忌暗示"正确"的方向——例如，"你认为应当对员工管到什么程度？"或"你最喜欢销售的哪些方面？"

求职者自发选择的方向最能预测他未来行为。问完一个问题后，最好停顿片刻，等对方发言。如果他要求你作解释，就避而不答。告诉他你更感兴趣的是他的回答；真正重要的是他的解释。让他根据他特有的"过滤器"来回答你的问题，对你展示自我。

最重要的是，当他回答问题时，不要随便怀疑。无论你对他的第一印象多么良好，如果你问他争当第一有多重要，而他回答："我想争第一，但大多数情况下，我只想尽我所能。"那就相信他。如果你问他，销售的哪些方面他最喜欢，而他却大谈如何尽快进入管理层，相信他；如果你问他，教学的哪些方面他最喜欢，而他只字不提孩子，相信他。无论他说什么都相信他。一个人对开放题的无提示回答极具预测性。因而，无论你是多么希望听到其他的回答，也不要乱怀疑。

注意听细节

过去的行为往往能准确预测未来。因此，"告诉我你过去……"这样的问题会对你很有用。

但是问此类问题要小心。首先，你应始终注意听具体事例。我们所谓"具体"，必须有时间，有人物，有事件。这样，你就不至于高估一个大谈某件事如何重要，却无法具体说明他自己是怎么做的人。

其次，关注对方脱口而出的回答。唯有反复发生的过去行为才能预测未来行为。如果一种行为的确多次发生，那么对当事人略加提示，他就能举出一个具体例子。如果他能做到这一点，就表明这种行为是其人生的一个常项。

例如，假设你在物色一名营销员，并认定此人在与人交往中必须具备当机立断的才干。你或许会问这样的问题："告诉我，你什么时候曾经力排众议。"请注意，除了时间外，你并没有问到其他细节。但此时此刻，你却在关注一个细节。

对此的回答因人而异，以下谨举两例：

1. "我认为坚持己见至关重要，特别是如果你对自己的观点深信不疑时。我们真心鼓励大家开诚布公。在我的班组里，如果我提出一个建议，而别人反对，他们都知道我会坚持己见，除非有人提出更好的主意。事实上，这已成为惯例。"

2. "昨天就发生过这种情况。"

哪个回答更好呢？说实话，很难说哪个"更好"。但第二个回答显然更具"预测性"。这里，求职者不假思索地告诉你一个例子，其时间十分具体："昨天"。你不知道究竟发生了什么情况，但谁又在意呢？与其他细节相比，更重要的是当事人脱口而出的简单回答。你并没有问到某个细节，但你略加提示，"告诉我，你什么时候……"，他就告诉你一个细节。虽然你必须再问许多问题，才能更充分了解他的才干，但他的回答第一次向你表明，这种力排众议、坚持己见的行为，是其人生的一个常项。

相比之下，第一种回答侃侃而谈开诚布公的重要性，然后宣称"这已成为惯例"。当然，此种回答并无不妥，但是由于缺乏细节，它就不具备"预测性"。面对此种回答，一些经理往往喜欢追问："你能讲详细些吗？你能告诉我发生了什么事吗？"然后他们就根据回答者所举例子的质量来作判断：他提供了多少细节？他口才如何？我同意他的做法吗？

第 7 章
优秀经理的实用工作指南

这是犯了面试的大忌。无论求职者最终提供了什么细节，如果他需要两三次追问才举出一个具体事例，那么，面试所涉及的行为多半不是其人生的常项。当你问"告诉我，你什么时候……"的问题时，切忌根据细节的质量来判断回答。否则，你就会忙于评判对方的口才或记忆力，而忽视他是否具备你所需要的特殊才干。

相反，评判回答的标准在于它是否具体和脱口而出。

（毋庸讳言，无论1还是2，如果你想多问一些问题来满足好奇，那就尽管问。但是切记，即使他最后向你举出一个十分具体的例子，他需要两三次追问才和盘托出本身说明，这一行为并非其人生常项。）

才干的线索

除了过去行为的具体例子外，你还应当注意听什么呢？有什么其他的信号能暗示你，求职者的确具备你在寻找的才干呢？

通过多年研究，我们发现了许多暗示个人才干的细小线索：偶露峥嵘的工作表现，对某些活动的渴求，活动中一气呵成的感觉，等等。这些线索中，有两条可能对你进行才干面试有用。由于每个人都复杂无比，没有一种面试或测试系统能完美界定其才干组合。然而，如果你针对这两个线索来问问题，对方的主导才干就会像一张刚曝光的宝丽来相片上的图像，冉冉浮现。如此，你便能将他的才干与你的要求相对照，继而判断是否匹配。

1. 学得快

当你学做一项新的工作时，你往往注重步骤。有时，你无论怎样勤学苦练，都无法摆脱这些步骤。例如，尽管你做报告已长达数年，但你仍觉捉襟见肘。每次报告时，你都要回顾当年从演说课中学会的三大步："OK，首先我必须告诉他们我要说什么；然后我必须说出来；最后我必须告诉他们我说了些什么。"

然而你做其他事时，步骤却悄然消失，而有行云流水之感。例如，就任营销员短短几个月，你便渐入佳境。突然间，你似乎能看透客户的内心，继而对答如流。或许，你刚当上一名教师，在克服了最初的局促不安后，你很快就记熟了孩子们的姓名，就像教了一辈子书的老教员一样，可以在课桌间坦然踱步。

当你产生这样的感觉时，就好像新的工作步骤融入了你铭刻在心的思维模式——你仔细想想，果然如此。

学得快是个人才干的一条重要线索。问求职者哪些工作一学就会，哪些事无师自通。他会提供更多的才干线索的。

2. 满足

每个人都呼吸不同的心理氧气。同样一件事，有人乐此不疲，有人却唯恐避之不及。

大牌会计师每次两两相加而得四都会乐不可支；明星营销员每每说服无动于衷的客户都会心花怒放；优秀空中乘务员格外关注精疲力竭、怒气冲冲的商务旅客，或坐在后排大声喧闹的中学生球队，因为他们最爱应付难缠的顾客。

一个人满足的来源也是其才干的线索。所以，你应问他最大的个人满足是什么。问他在什么情况下精力倍增。问他什么使他格外振奋。他的回答将帮助你了解他能否经年累月地做好一件事。

知道应当听什么

许多经理都有一组自己偏爱的问题，每次面试都会问到。优秀经理也不例外，但有一个重要区别。他们只问那些他们确知顶级员工会如何回答的问题。

在他们看来，问题本身远不如了解顶级员工如何回答更重要。

例如，有一个问题能区别营销员和教师互不相同的奋斗主题："如果有人怀疑你要说的话，你会怎么想？"你可能认为，顶级营销员会说，他们喜欢别人将信将疑，如此他们便有机会展示自己的说服力。可令人吃惊的是，他们并不这样想，而声称对此深恶痛绝。别人的怀疑令他们不安（尽管他们不露声色），因为，如上所述，顶级营销员推销的是他们自己。怀疑他们等于怀疑他们的为人。你可以不同意他们的观点，与他们争辩，或决定不买他们的产品，但就是不能怀疑他们。

普通的营销员则不会那么投入。他们不在乎被人怀疑，因而这一问题丝毫不触动他们的情感。

可见，对销售经理来说，这是一个很好的问题，因为他们要听的是"不安"两字。（当然，这并不是优秀销售经理问的唯一问题。如上所述，最糟糕的营销员也会因遭到拒绝而不安。经理们必须问进一步的问题——"如何"的问题和"谁"的问题——以便了解求职者是否具备其他至关重要的销售才干，例如天生自信或一见如故。）

相比之下，顶级教师说他们喜欢被人怀疑。他们珍视这种时刻。顶级教师本能地将"怀疑者"等同于好学生，认为怀疑说明了有一个活跃而好奇的头脑。因此，在顶级教师眼中，怀疑意味着学习。相反，平庸的教师声称，他们讨厌被怀疑。他们首先关心的是自身的胜任，而不是学生的学习。被怀疑意味着他们的基本能力受到挑战，而对他们来说这是糟糕透顶的事。

这一问题十分有助于挑选教师。当然，前提是你希望听到的回答是"我很喜欢"。

但如果你选的是护士，这一问题就毫无用处。为什么？因为

第7章
优秀经理的实用工作指南

最优秀的护士们回答这一问题时，并非彼此相同，且与普通护士相异。细想一下，这也不足为怪。毕竟当一名护士偶尔被怀疑时，她对怀疑的具体反应与她整体上是否优秀并无太大的关系。

你如何设计此类问题／倾听的组合呢？首先，你应挑选若干明星员工和若干一般员工，对他们试问一个问题，然后看看明星员工是否始终回答得不同。若是，则说明问题／倾听组合设计合理。若否，则说明问题不该问，就像问护士是否在意被"怀疑"一样。

其次，你也可以向所有的求职者问这个问题。把他们的回答记录在案，并存档。他们被录用后，再根据其实际表现回顾当时的回答，以了解优秀员工回答你的问题是否一致。

这样做需要时间和专注，但是，如同任何艺术，磨炼才干面试的艺术也是需要时间和专注的。

才干的理念适用于优秀经理的所有行动。然而，挑选才干的行动自成一体。它发生在你进行招聘决策的时刻。其他三个要诀的行动——界定正确结果，发挥优势和因才适用——不能如此简单区分。你如何对某人提出要求与你如何激励他达到要求密不可分。你如何激发和鼓励他往往又与帮助他因才适用紧密相联。变才干为业绩是一项日常的挑战，需要始终不渝地调配好四者的关系。

如何建立绩效管理常规
——简单、频繁交流、着眼未来

盖洛普访问的优秀经理在员工管理上各有高招。但是他们的真正挑战在于如何面对完成任务的日常压力,建立一种常规,来对每名员工运用这些招数。他们的常规称为"绩效管理"。通过会议和谈话,他们迫使自己在纷繁的日常业务中,保持对所有员工个人进步的高度关注。

每名经理的常规都与众不同,反映了他/她的特有风格。尽管如此,我们仍能透过纷繁复杂的表面,发现优秀经理的"绩效管理"常规所共有的特点。

首先,常规很"简单"。优秀经理不喜欢大部分由公司倡导的绩效评估体系。他们不想浪费时间去琢磨晦涩的术语和填写官样表格。相反,他们偏爱简明的模式,以便集中精力解决好真正的难题:对每个员工说什么和怎么说。

其次,常规要求经理与员工频繁交流。每年一次、甚或两次与员工讨论绩效、风格和目标是远远不够的。帮助员工出类拔萃的秘诀在于细节:他对表扬的需求细节,他对关系的需求细节,他的目标细节,以及他的才干/弱点细节。一年谈一次会遗漏这些细节,而蜕变为一种关于"潜力"和"改进机会"的空谈。要想捕捉细节，至少应每季度谈一次，有时甚至更多。这样谈，员工对自己成功或失望的细节记忆犹新，继而能述说自身对某次会面或交流的感受。经理则能回忆相同的会面，并建议采取略加改变的做法，或对同一事件进行略微不同的解释。这样，不仅谈话生动活泼，而且建议切合实际。不仅如此，在两次会面之间的数周内，经理和员工都有充分动力来专心而及时地处理各种问题，因为双方均明白，很快就有机会一起讨论这些问题。频繁讨论绩效会迫使经理和员工重视这些问题。（如果你担心频繁讨论绩效会占用时间，我们不妨告诉你，顶级经理平均每季度每人花一小时讨论绩效。）

　　不仅如此，频繁的绩效会谈还大大有助于经理处理员工欠佳表现这一敏感问题。如果你每年仅见一两次面，你就不得不像丢炸弹一样，劈头盖脸地对员工一通批评。而当员工受不了时，你又不得不到处搜寻证据来支持自己的结论。而如果你们频繁会面，就能避免双方斗法。你就能循序渐进地指出对方的薄弱环节，并有针对性地列举近期的生动例子。如此，你的批评就易于被对方接受，交谈就更有效果。

　　再次，常规着眼于未来。优秀经理固然通过评估过去的业绩来洞悉当事人的风格或需求，但他们的本意是关注未来。他们喜欢讨论新的"可能"，而不愿让谈话沦为事后诸葛亮式的徒劳无功的责备。因此，他们可能用与员工谈话的前十几分钟来作回顾，而将剩余时间用于真正有创意的工作："你希望在未来几个月中取得什么成就？我们将采用什么衡量标准？你有什么最有效的途径来达到目标？我能提供什么帮助？"在他们看来，这样交谈更有力度，更有效率，并且更令人满足。

最后，常规要求员工"跟踪监测自身绩效和学习进程"。许多公司的"绩效评估"忽视员工的积极参与。员工仅是一个被动的旁观者，等候经理宣判。如果运气好，他可能被要求，在看到公司对他的评估结果之前，先进行自我评估。他知道自我评估的目的是与经理的评估相对照。于是，他的自我评估就成为一种谈判工具——"我要自判高分，然后就有望在中间妥协"——而不是对其自身绩效的真实评价。

顶级经理拒绝此种做法。他们希望建立一种常规，要求每个员工跟踪监测自身绩效和学习过程。他们要他写下他的目标、他的成功和他的发现。此举的目的并不是期待他的经理评判和批改，而是帮助每个员工对自身绩效负责。它就像一面镜子，帮助他跳出来反观自己。通过这一记录，他就能看清自己的计划如何影响外部世界。他就能权衡这些计划的效应。他就能为自己负责。

优秀经理自然愿意讨论并赞同每个员工的短期目标，但是个人记录的其他内容——他的自我发现，他对自己所学新技术的描述，以及他可能获得的表扬信——则属私人文件。如果员工有幸与经理建立信任关系，他就可能乐于公开全部记录——成功、失败、自我认知的优势。但是这并非重点所在。重点在于鼓励员工跟踪其自身绩效和学习过程。重点在于自我发现。

近期关于成人学习的研究表明，当学生被要求引导和记录其进步时，他们会延长在校时间，增加学习内容。优秀经理对此早有所识，并据此管理他们的员工。

这四大特点——简单、频繁互动、关注未来和自我监测——是成功的"绩效管理"常规的基础。在下述基本常规中，我们介绍许多优秀经理为了解他们的员工而常问的一些问题，以及他们的常用形式。我们的目的不是告诉你具体该说什么、怎么说和对谁说，因为这无疑既烦琐又僵化——你自然愿意根据自身才干和经验来调整问题和工具。

然而，如果你遵循这一基本常规，并将其成功融入自身风格，你就最有希望来界定正确的结果，发挥每个人的优势并实现因才适用。

基本常规

优势面试

每年初，或员工应聘一至两周后，花一小时问他以下十个问题：

1. 你对原有的工作哪些方面最满意？你为什么到我们这里来？（如果对方是在职员工）你为什么愿意在这里工作？

2. 你认为自己的优势是什么？（技能、知识和才干）

3. 你有什么弱点？

4. 你当前工作的目标是什么？（询问得分和时间表）

5. 你愿意多长时间与我讨论一次你的进步？你会主动告诉我你的感受，还是要我问你？

6. 你有什么个人目标或承诺愿意告诉我？

7. 你曾经获得的最高奖励是什么？为什么你感觉那么好？

8. 你是否有过卓有成效的合作伙伴或导师？为什么你认为这些关系对你卓有成效？

9. 你有什么未来成长目标和专业目标？你是否愿意学习某种技能？你是否愿意经历某种挑战？我能如何帮助你？

10. 你还愿意谈什么，以便我们更好合作？

此种会面的主要目的是根据对方的自我描述，了解其优势、目标和需求。无论他说什么，即使你不同意，也要把它记录在案。如果你想帮助他成功，你就必须了解他的来龙去脉。他的回答将告诉你他心目中的自我定位。在随后的一年中，你或许可以帮助他改变观点，但你最初的兴趣在于用他的眼光看他的世界。

在优势面试过程中，他会告诉你他希望多长时间与你讨论一次他的进步（问题5）。根据他要求的频率安排当年的第一次绩效计划会。为叙述简便起见，我们假设他说"三个月一次"。

绩效计划会

为帮助他准备，请他在每次会面前写下对以下三个问题的回答：

> A."你采取了什么行动？"这包括他前三月的绩效细节。他应视情况提供得分、排名、评估和时间表。
>
> B."你有什么发现？"发现可以形式多样，如他参加过的培训，或从一次内部演示、作业示范甚至阅读中获得的启示。无论发现来自何处，都应鼓励他跟踪自身的学习过程。

> C. "你建立了什么合作关系？"这些合作关系是他所建立的工作关系。它们可能是全新的，也可能是经过加强的现有关系。它们可能是与同事或客户的关系，也可能是专业关系或个人关系。一切由他来决定。无论他如何决定，重要的是他在公司内外主动寻求支持。

会面时，首先问他以上三个问题，并记录他的回答。他应保存自己的书面记录。如果他愿与你分享他的书面回答，那是再好不过了，但不要强求。无论什么情况，你都应把他的回答视为讨论其前三个月绩效的起点。

大约十分钟后，你应将话题转向未来，可以使用以下问题：

> D. 你最关注什么？你未来三个月的主要目标是什么？
> E. 你计划什么新发现？你未来三个月希望获得什么具体的发现？
> F. 你希望建立什么新的合作伙伴关系？你计划未来三个月中如何增强自己的支持体系？

诸如"发现"或"合作伙伴"的词汇或许并不适合你的风格

或你所在公司的文化。你一定知道该用什么词。但无论你如何遣词造句，切勿将关于未来三个月的谈话限于简单的工作目标。建议对方写下他的回答。你应讨论他的回答，表示同意，并保留一份记录。他的回答将成为未来三个月你对他的具体要求。

三个月后，再次要求他写下对A、B、C问题的回答。当你与他进行第二次业绩计划会时，再问他这三个问题，并用他的回答来激发绩效讨论。然后迅速改变话题，讨论未来，并问D、E、F问题。同样，你们各自应记录他的回答，并各持一份。当你讨论他的成功、奋斗和目标时，务必关注他的优势，向他提出符合其特点的要求，帮助他完善风格，并讨论你如何在必要时助他一臂之力。

其后每三个月重复以上过程，直至一年周期完成。

如此，到年底，你至少与他会面四次。你评估了他的原有业绩，并详细计划他的未来发展。你深入了解了他的个性特点，并据此帮助他更准确地识别自身优势和弱点。或许他对自己的部分观点和需求改变了看法。你既与他共渡难关，又与他分享成功，继而建立紧密关系。你们有时不无分歧，但更多情况下看法一致。无论如何，你们已成为更紧密的合作伙伴。你通过频繁会面，悉心倾听，出谋划策和精心计划，积极参与和分享了他的成功。并且，重要的是，他把这一切都记录在案。

职业发展问题

在绩效计划会过程中,员工可能想讨论他的职业选择。他想请你指点下一步行动。健康的职业讨论往往不会突然发生。相反,它是许多不同时刻的不同谈话的结果。无论你如何进行这些谈话——由于员工各自潜能和业绩不同,每次谈话都与众不同——你都必须达到两个结果:第一,员工必须不断加深对自身技能、知识和才干的理解。如果对此认识不明,当你们共同计划他的下一步职业发展时,他就难以密切配合。第二,他必须详细了解下一步计划需要什么条件,以及他为什么能高人一筹。

他必须主动获得此种认识。但是你能提供帮助。你可以在不同场合使用以下五个有关职业发展的问题来激发他的思考:

> 1. 你在目前工作中有什么成功?你能测量它吗?
>
> 2. 你究竟是如何取得这些成绩的?它们如何体现你的技能、知识和天赋才干?
>
> 3. 你对目前工作的哪些方面最满意?为什么?
>
> 4. 你对目前工作的哪些方面感到为难?你从中对自身技能、知识和才干有什么了解?我们如何控制这种局面?培训?定位?支持系统?合作伙伴?

> 5. 什么工作对你来说最理想？假设你在从事此项工作。现在是星期四下午三点。你正在做什么？为什么你如此热爱它？

通过在全年的不同时间问这些问题，你就能引导员工详细思考自身绩效。他是愿意在现有工作中求发展，还是希望调换工作？他会从中获得什么优势和满足？这五个问题未必提供什么答案。但如果问得适时和得体，它们能帮助员工理清思路，继而了解他的想法。你们相互配合，就能对他的当前绩效和潜能作出若干可靠的判断。同样，你们相互配合，就能对他的未来作出更好的决定。

员工如何自我激励
——管理好沿袭传统智慧的经理

没有一名经理能强求员工出效率。经理只是催化剂。他们能促进员工的才干与顾客／公司需求之间的互动。他们能帮助员工发现达到自身目标的最佳途径。他们能帮助员工规划职业发展。但是如果员工自身不下大力，这一切均无从谈起。在优秀经理的世界里，员工是明星，而经理只是代理人。一如表演艺术界，代理人对明星们寄以厚望。

以下是优秀经理对每一名有才干的员工的期待：

⊙ **多照镜子**。使用公司提供的所有反馈工具来增强自我了解和了解别人对自己的看法。

⊙ **沉思**。每月花二十或三十分钟，回顾前几周的情况。你完成了什么？学到了什么？讨厌什么？喜欢什么？这一切如何表明你的为人和才干？

⊙ **自我发现**。不断深化对自身技能、知识和才干的了解。据此申请适合自己的工作，更好地与人合作，并选择培训和发展方案。

⊙ **建立支持网络**。悉心观察哪些关系对你有用。去找他们。

⊙ **跟踪监测**。记录你的学习结果和发现。

⊙ **关注同事的成功事例**。当你来到一个工作单位，你不会原地不动，而是或进或退。尽量争取进步。

优秀经理仍是少数。很少有人有幸为"超级主管"工作。他们完美无缺地平衡热情与干劲，拥护与权威；他们理解并接受员工，即使他们不无瑕疵；无论别人如何垂头丧气，他们都有办法使大家精力倍增。

大部分员工的上司则是"尚未成型"的主管：他真心想对员

工好，真心希望他们出类拔萃，但就是不得法。也许他花太多时间向员工布置任务，却忽视倾听每个人的独特需求；也许他希望员工仿效他的做事方式，继而达到完美；也许他天真地按照他自己的喜好对待每个人；也许他用心良苦，却忙得无暇与所有员工讨论绩效。也许他动机不良；也许他讨厌别人，对他们毫无信任，既会贪天之功，又会嫁祸于人。

如果你为这样的经理工作，你该怎么办呢？你该如何帮助他/她来充分发挥你的潜能呢？我们虽无法提供完美的答案，但能给你几条启示来管理你的经理。

A. 如果你的经理忙得无暇与你讨论你的绩效或目标，不妨帮他安排一次绩效计划会。设法解除他的计划负担；事先告诉他，由你来设计会谈框架，以便双方有效使用时间。你将准备一份对前三个月情况的简短回顾，你的行动，你的发现，以及你新建立的合作关系。你接着与他讨论未来三个月的计划——包括你的关注要点、你希望获得的新发现，以及你希望建立的新关系。而他只需到场，认真与你谈上四五十分钟。

如果他不断取消会谈安排，或见到你却无话可谈，那你面临的问题就不是他太忙，而是他是一名糟糕的经理。在这种情况下，你别无选择了。如果你热爱现有工作并觉得得心应手，那你只能忍着。另一条路就如我们在E中所述，另谋高就。

B. **如果你的经理强迫你像他那样做事**，他可能过于关注过程。你应寻找时机，例如绩效计划会，告诉他，你希望更多地通过结果而不是步骤来界定你的工作。问他希望用什么结果来衡量你的成功。你在讨论这一点时，向他说明，虽然你的风格与他不同，但仍能帮助你达到他所期望的目标。你的目的并不是向他证明你的风格比他的好，而是证明你的风格最有助于你达到你们共同商定的目标。从这个角度看，无论他的风格对于他是多么合理，对于你却无意义。

也许关注步骤而忽视结果并非问题所在。他之所以强迫你像他那样做事是因为他喜欢发号施令。如果你能适应他的风格而不损及你的道德原则，这也无伤大雅。否则，你就会考虑另谋高就。

C. **如果你的经理表扬你的方式或时机不当**，你可以建议其他方案。这样交谈并非易事。事实上，如果你告诉你的经理，你更喜欢私下而不是当众表扬，这可能显得傲慢而放肆。一如上述，你必须选择时机。经理刚让全队起立为你的成功喝彩，你就试图纠正他，这未必明智。第五章中的保险代理马克一怒之下冲下台，固然使经理如梦初醒，但我们并不提倡此种做法。相反，我们建议你在全面讨论你的绩效时伺机发表看法，最好是利用绩效计划会的冷静而有序的氛围来这样做；切记感谢他的好意。如此，你就向他表明，你已仔细思考过你对他的需求，并给他一个机会将你的所言纳入他对你的管理方式。

如果问题不在于他对你的表扬形式不当，而在于他根本不表扬你，你就不得不靠自身智慧而生存。如果你天生善于自我激励，那你就可能在毫无表扬的情况下长期生存。然而，大部分人很快就会感到心累。面对没有表扬的环境，你可能考虑跳槽。

D. 如果你的经理反复问你感觉如何，或企图干涉，你就不妨暗示这样于事无补。这样做很敏感，因为你不想让对方觉得你不服从管理，或你变成他的经理。但是你可以问他，能否减少你向他"汇报"的频率，尽管他显然希望频繁"检查"。告诉他这并不是对他的批评。说明你只是希望多进行独立操作，并且如果你能够根据你的而不是他的节奏来安排"汇报"会，你就能大大提高工作效率。显然，这是个敏感时刻。但是如果你使用明确无误和不含感情色彩的语言，例如"我希望每两周，而不是两天汇报一次"，你就能够处理好它，并做出对你们俩都合适的安排。

如果你的经理干涉你是因为他怀疑你，那么，无论你的语言多么明确，多么不含感情色彩，都将无济于事。你将不得不采取另一种策略———走了之。

E. 如果我们所讨论的问题属于完全不同的性质，即是说，如果你的经理始终无视你，怀疑你，你有成绩他抢功，他有过失就

怨你，或者对你毫无尊重，那就快些离开他。你可以寻求在公司内部横向调动，或者干脆离开公司。不错，你或许会决定再坚持六个月，同时盼他走。不错，公司优厚的待遇会缓解你的痛感，使你逆来顺受。不错，你可能得到经理上司或人事部的同情。但你千万不要自我欺骗。如果他的行为在一段长时间里始终如一，那就不要指望他会改弦易辙。有些经理根本就不配当经理。他们的行为并非误解你的好意，或他自己好心办错事，而是缺乏才干（有时就是神经质）。由于他们的大脑中没有必备的"四车道高速路"，他们注定会永远犯错误。他们永远会对员工乱怀疑、管头管脚、抛弃、干涉和压制。他们必须如此，因为这是他们的本性。无论你，还是本书，还是长达数周的人际培训，都不可能给他们当一名优秀经理所需的优势、自尊和安全感。

　　我们很愿意对你说："别担心，坚持住。依靠你自身的才干，一定能成功。"但我们做不到。你或许能在困境中坚持一段，同时期待你的经理搬起石头砸自己的脚，被炒鱿鱼。但是，如果没有一名好经理作领导，你不可能维持长久。一如本书所示，当你努力将自己的才干化为业绩时，你的顶头上司是你至关重要的伙伴。如果你不幸遇到一个糟领导，那你就不可能充分实现潜能。无论你如何喜欢你的工作，都要走，快走。你不值得做这样的牺牲。

第 7 章
优秀经理的实用工作指南

公司如何为优秀经理创造良好环境
——冲破壁垒的四原则

我们说过，一名员工加入一家公司可能是慕名而来，但是他与顶头上司的关系如何将决定他会呆多久和效率有多高。我们说过，要将每个员工的才干化为业绩，经理起关键作用。我们还说过，经理能让公司完蛋。

这一切都确凿无疑。在员工看来，经理的确比公司影响大。然而，公司仍然掌握着巨大的权力。优秀经理单枪匹马能够局部抵御传统智慧。唯有全公司总动员才能将其彻底消除。

在大部分公司里，传统智慧根深蒂固。尽管大部分经理可能并不同意其部分信条——每个人都有无穷的潜能，帮助每个人克服弱点，根据自身喜好对待别人——但这些信条依然完好无损。它们得到一张由各种政策、做法和语言编织的大网的保护。这张大网笼罩全公司，决定员工的选拔、培训、薪酬、惩罚和提升。虽然优秀经理们靠自身力量能短途逆流而动，但他们永远不可能冲破所有障碍到达彼岸。无论他们选择什么路径，他们早晚会打开一扇门，看到传统迎门而立，利用某种政策、法规或制度阻挡优秀经理的前进道路。

"你不能这样待人。"

"如果他资历不满三年,就不能提升。"

"你对员工不能一视同仁。这不公平。"

"这是我们新的绩效管理系统。保证每个员工经过培训都能掌握所有技能。"

"你不能给她这个头衔。没有人归她指挥。"

一堵由选拔、培训、薪酬和绩效管理体系构成的壁垒保护着传统智慧。把它消灭的唯一途径就是替换这些体系。而唯有公司能替换这些体系。

以四大要诀为指针,一家公司的高层领导可以使用以下的万能钥匙来冲破传统智慧的壁垒。

A. 关注结果。 公司的职责是界定需要达到的结果。个人的职责是发现达到这一结果的最佳方案。因此,优秀公司精于指出目标,而让个人自选路径。

⊙ 尽可能根据结果来界定每个工种。

⊙ 尽可能评估、排列或统计这些结果。测量始终能改进业绩。

⊙ 对一名顾客来说,最重要的四个感情结果是准确、便捷、伙伴和咨询。审视公司内部的每个工种,然后判断各部门应如何行动来创造这些效果。在培训班上,讲解一个工种的标准步骤如何关联到一个或数个感情结果。此外,讲解公司在什么情况下和如何要求员工自主创造这些结果,以及为什么这么做。

⊙ 要求经理对员工如何回答第一章中介绍的十二个问题负责。这十二个问题是测量结果的一个至关重要的标准。虽然我们并不主张根据员工回答来决定经理的薪酬,但经理应将这十二个问题纳入其整体业绩得分表。

B. 重奖每个岗位上的世界一流业绩。 优秀公司尊重每个岗位上的出色表现。如果你想了解一家公司的文化,先看它的英雄。

⊙ 尽可能在各个岗位上建立职称制。确定从一级升往另一级的具体标准。用奖盘、证书和毕业证来奖励进步。认真对待每一级职称。

⊙ 尽可能在每个工种中实施宽幅薪酬方案。确定在每个薪酬段上的晋升标准。讲明转换薪酬段时减薪的原因。

⊙ 表彰"个人佳绩"。许多人喜欢自我竞赛。设计一个体系来帮助每个人按月或季度跟踪其业绩。并据此及时表彰每月或每季度"个人佳绩"。"个人佳绩"的增加意味着公司的整体发展。

C. 研究你的明星。 优秀公司研究它们的明星员工。发现内部佳绩是它们最重要的程序。

⊙ 从最重要的岗位开始,研究你的明星员工。为每个岗位确立一个才干模型。这将帮助你挑选更多明星级员工。

⊙ 根据你对各岗位佳绩的了解,改进所有培训方案。

⊙ 建立一个内部"大学",其主要功能是提供一个讲台,来宣传各岗位的明星员工的业绩，尽可能让每个员工都能了解明星员工的思想、行动和成就感。你的员工还可以在这所"大学"学习许多其他内容——政策、规章、技术——但是其重点在于推广内部佳绩。切记，这所大学可以根据你的公司规模和结构，保持灵活、松散和简练——关键在于系统地学习你的明星员工。

D. 教授优秀经理的语言。语言影响思维，思维影响行为。公司若想改变员工行为，就必须改变其语言。优秀公司将优秀经理的语言变成大众语言。

⊙ 讲授优秀经理的四大要诀。尤应强调技能、知识和才干之间的区别。切实教导员工，无论什么工作，要做好都需要才干；才干是一种思维、感觉或行为模式；才干是无法传授的。

⊙ 针对才干的重要性及宽泛定义，改变招聘方式、工作描述和简历资格。

⊙ 针对技能、知识和才干的区别，修改所有培训内容。优秀公司深知什么可以培训，什么无法培训。

⊙ 剔除培训中的补救内容。送你的明星员工去学习能补充其才干的技能和知识。停止输送才干欠缺的员工去培训班"矫型"。

⊙ 对每个员工实施反馈。切记，唯有用来帮助员工增强自我意识和优势时，360°评测、性格概述和绩效评估才有价值。如果目的是寻找需要弥补的弱点，那就别用它们。

第 7 章
优秀经理的实用工作指南

⊙ 实施优秀经理"绩效管理"的常规。

传统智慧凭借建立在其核心观念上的政策、体制和语言,能轻而易举地压制不同意见,迫使每个优秀经理怀疑其最予珍视的理念。在这种环境里,优秀经理难以发展。他们无法通过实践完善自己的直觉,而是整天忙于保持应对和生存。

然而,如果应对得法,这些招数能改变全公司的环境。优秀经理获得支持,他们的真知灼见得到加强,继而获得动力去实践、试验和改进。在这样的环境中,优秀经理蓬勃发展,员工频出佳绩,公司持续增长,而传统智慧则被连根拔除。

结　语
CONCLUSION: COMBINATION OF POWER

力量的汇合

优秀经理使一切看起来都如此简单。选拔才干，界定结果，发挥优势，然后，在员工成长过程中，鼓励他／她因才适用。只要对每个员工完成这几个步骤，你的部门或公司就能持续出类拔萃。这几乎是板上钉钉的事。

但我们和你一样，都知道并非如此简单。管好别人是很难的事情。管理的核心是平衡公司、顾客、员工甚至包括你自身的利益冲突。你如果关注一方，就会不可避免地惹恼其他方。如果你介入一位出言不逊的顾客和一名张口结舌的员工的矛盾，你就很难找到合适的话语，既安抚顾客，又为员工保住面子。如果你刚刚受命领导三十名倚老卖老的员工，就很难弄明白如何既争取他们的信任，又推动他们好好干活。如果你刚刚发现，你精心挑选的新员工实际上缺乏做好工作的才干，就很难既对他如实相告，又不伤害他的自尊和惊吓他的同事。无论你如何有魔力，做中间人都不易。

本书无意使你的工作更容易。它只是向你提供一个制高点；向你介绍一种方法来更准确地理解你正在做的工作，为什么这样做和如何做得更好。我们的观点虽然无法面面俱到地告诉你应当如何行动，但的确能指导你更加周到地行动。我们的确能帮助你学会如何打基础，从而建立持续良好的工作环境。

我们无法保证一夜间发生奇迹。如果我们夸口，你也不会信。你明知，明天你去上班时，会看到许多员工用非所长。你明知，你会看到许多经理跟随传统智慧亦步亦趋。你还明知，你单枪匹马不可能改天换地。你明知，你只能一个个员工、一次次谈话地改变现状。一如所有的优秀经理，你刚迈出了长征的第一步。我们只能保证，这四大要诀是一个空前强大的开始。

☆　　☆　　☆

在长征路上，你要充满信心：有两股强大的力量在帮助你铲除传统智慧。自从一百五十年前现代"公司"诞生以来一直处于对立状态的公司和员工的利益正在缓慢融合。而你作为经理今天正处在其汇合点。

无论天南海北，员工们都在要求从他们的工作中得到更多的回报。随着社区其他资源的枯竭，员工们日益期待他们的工作单位提供一种意义和归属感。他们希望个人得到承认。他们需要机会来表达意见，并获得应有的尊重。唯有你作为经理才能创造一种氛围，使得每个人都能理解自身优势，并将其化为效益。

与此同时，公司在寻找尚未发现的价值储备。人性就是其中一种最后的价值宝藏。公司如果想增加其价值，就必须开发这些储备。过去，它们企图通过控制和完善人性，来开发它的能量，就像人类对待自然的其他力量一样。我们都知道为什么这样做徒劳无功：与自然界其他力量不同，人性的能量是不统一的。它的威力恰恰在于它的多样性，在于每个人的性情都与众不同。公司如果想使用这一能量，就必须建立一种机制来释放每个人的本性，而不是控制它。你作为经理就是它们拥有的最好机制。

这两股力量的汇合——每个公司在寻找价值和每个员工在寻找归属——将永久改变公司的面貌。你将看到新的组织模式，新的头衔，新的薪酬方案，新的职业生涯和新的测量体系——一切都围绕一个信条："不要为弥补欠缺而枉费心机，而应多多发挥现有优势"。有的经理会力图抵制这些变革的力量，但他们注定要失败。公司寻找价值就像员工寻找归属一样，是百折不挠和不可抗拒的。你或许能延缓这些聚合的力量，但你无法阻挡它们。

然而你能使它们加速。你能成为催化剂。世界顶级经理们已经为你作出榜样。

附 录

First,
Break All the Rules

- 附录 A　什么是通往股东价值持续增长的路径
- 附录 B　优秀经理如何回答第二章中的三个问题
- 附录 C　哪些天赋才干最常见
- 附录 D　盖洛普是如何发现 Q12 的
- 附录 E　元分析的细节是什么

附录A

什么是通往股东价值持续增长的路径

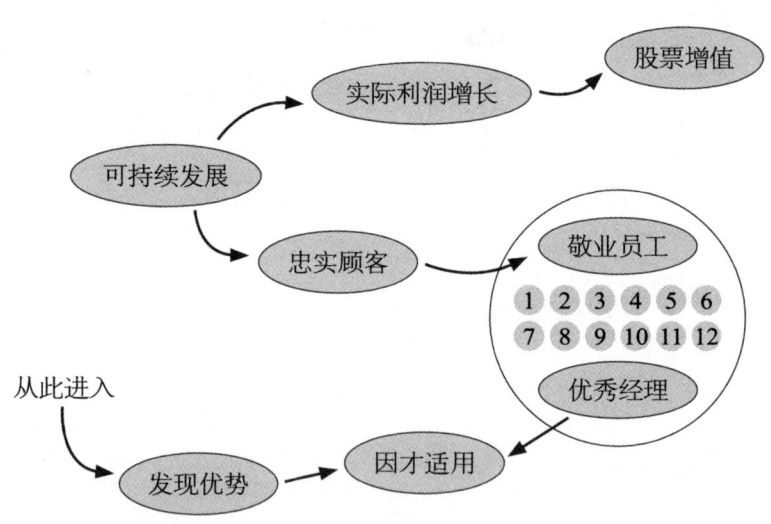

盖洛普对健康企业成功要素的相互关系进行了深入研究，并据此建立了一个模型，来描述员工个人贡献与公司最终经营业绩——公司整体增值——之间的路径。毋庸讳言，对上市公司而言，对此的最佳评测是股票增值。以上是路径的图形显示，以及对路径每个步骤的简要介绍。

实际利润增长推动股票增值

有许多因素影响一个公司的市值，其中包括不受公司控制的外部因素。但是也有公司能够控制的因素；其中，实际利润增长是驱动股票增值的最重要的变量。我们之所以强调"实际"，是因为一家公司可以采取许多行动来提高短期利润。有的行动是实实在在的经营举措，如提高运作效率或降低成本。而另一些行动则是一些财会游戏，如冲销、一次性加价或在结算中止前强求订货，继而夸大收入。然而，唯有正常运作而获得的利润持续增长才能驱动股票持续增值。

可持续发展驱动实际利润增长

唯有可持续发展才能驱动实际利润增长。可持续发展与"买来的发展"截然不同。一家公司可以通过各种手段来买发展：收购另一家公司的收益渠道，大幅度削价，或使用许多快速膨胀的餐馆和零售连锁店惯用的伎俩，以最快的速度开新店。所有这些手段都会使收益突然膨胀，但对如何维持收益却毫无用处。事实上，有些手段恰恰损害持续发展。持续发展是不能用收益的短期膨胀来衡量的。相反，衡量持续发展的是一系列脚踏实地的指标，如每家店的收益、每件产品的收益，或每个顾客使用的服务，等等。这些指标衡量一家公司的收益渠道是否强劲，能否持久。

忠实顾客驱动可持续发展

驱动可持续发展的最关键的因素是不断扩大的忠实顾客群。在有的行业，还必须不断增加愿意多花钱的忠实顾客群。更为理想的是，使这些忠实顾客成为公司的义务宣传员。

通过有效的促销活动和营销宣传，固然能够说服顾客尝试某种产品和服务，但是唯有向顾客提供高水平的产品和服务，才能培养顾客的忠诚。我们在盖洛普把营销宣传和产品/服务的质量分别称为"品牌承诺"和"品牌经验"。唯有在顾客的品牌经验达到或超过公司的品牌承诺时，一家公司才能不断增加其忠实客户群。

敬业的员工驱动顾客忠实度

通用电气公司的总裁杰克·韦尔奇曾经说过："任何一家想

靠竞争取胜的公司必须设法使每个员工敬业。"对服务业来说，这格外重要，因为公司的几乎所有价值都由每个员工提供给顾客。然而即使是纯粹的制造业，如果没有敬业的员工，也很难生产出高质量的产品。

第320页路径图形中的十二个小圈代表第一章中介绍的十二个问题。根据我们的定义，一个"完全敬业"的员工对所有十二个问题会作出完全肯定的回答。切记，我们在部门／班组层面所作元分析中使用的四个业绩指标分别是员工保留率、生产效率、顾客满意度和利润率。上述盖洛普路径仅仅描述了敬业的员工与顾客忠实度的关系。事实上，敬业员工的增加与利润增长往往有着十分紧密的联系——通过提高生产效率或大幅度降低员工流失率，间接或直接推动利润增长。

优秀经理善于发挥员工所长驱动员工敬业度

在盖洛普路径的入口，最初的几步必须做得近乎完美，否则连接顾客忠实度、收益增长和利润率的其他后续环节就会中断。路径的第一步是发现员工的独特优势。第二步是，你必须将这名员工派去做能发挥其优势的工作。如果前两步走错了，那么无论后来如何鼓动和培训员工都将无济于事。一如本书所详述，我们所谓的"优势"主要指一个人的思维、感觉或行为的模式——他的才干——其次才是后天学得的技能和知识。我们认为，在选拔员工时，公司往往花费太多的时间和资金来考核员工的技能和知识，而忽视他们的内在优势。说真的，由于不能精确判断员工的才干，并对其进行准确定位，大部分公司正好在路径的起点就栽了跟头。

在成功完成前两步后，你就来到路径的关键岔口：你必须设法在这些有才干的员工身上培养敬业精神。有很多方法可以短期奏效：例如多付薪金或提供优厚的福利，但这都是低级措施。使有才干的员工敬业的唯一途径是选拔优秀的经理，然后为他们营造有利于实施管理的四大要诀的氛围。在这样的氛围中，优秀经理就能选拔出众的员工，对他们提出明确要求，并激励和培养他们。如此，每个员工的才干将化为以客户为中心的业绩。公司就能蓬勃发展。

无法迈出这一步的公司将偏离路径。他们将大量失去优秀员工。他们将错派、错提、低估和错用留下的员工。由于缺少能在工作中尽其所能的优秀员工，这些公司转而投机取巧——过分依赖营销技巧、盲目收购、不顾一切地"买"发展。面对高超的竞争对手，这些公司靠这种策略将难以奏效。最终，由于缺乏优秀经理掌舵，这些公司将陷于失败。

附录B
优秀经理如何回答第二章中的三个问题

> "一个人自行其是,锋芒毕露,销售额高达120万美元,另一人温文尔雅,人见人爱,但销售额仅为前者一半。作为经理,你更喜欢要谁?为什么?"

优秀经理回答,他们更喜欢自行其是、锋芒毕露的人,而不是产值减半的合作模范。他们的逻辑是,自行其是、锋芒毕露的人可能更有才干,但不易管理;而合作模范缺乏所需才干,但易于管理。优秀经理寻找的不是听话的人。他们寻找的是具有做出世界一流业绩的才干的人。因此,他们更愿意接受的挑战是招聘一名有才干的员工,然后帮助他/她专心发挥自身才干来取得佳绩;而不是设法为一个业绩平庸的人增添才干。

> "你有一名员工,产值极高,但文件管理一团糟。你如何帮助他/她进一步提高效率?"

优秀经理首先了解为什么这个员工不善于管理文件。可能他刚来不久；可能培训会有所帮助。但是，如果他们发现问题在于此人缺乏管理文件的才干，他们就会寻找一种解决方案，帮助他规避不善行政的弱点，转而全力以赴抓产值。

> "你有两名经理。一名具有超一流的管理才干。另一名属平庸之辈。现在有两个部门职位空缺：一个高效率，另一个在挣扎。两个部门均有潜力可挖。你会分派哪名优秀经理？为什么？"

优秀经理始终派最具才干的经理到高效率的部门去。问题中的关键语是"两个部门均有潜力可挖"。他们深知，唯有让优秀经理去管优秀部门，才可能帮助该部门充分发挥潜力。对于有才干的经理来说，帮助优秀部门更上一层楼，其难度丝毫不亚于帮助挣扎的部门摆脱困境。不仅如此，前者更有乐趣，更能出成果。优秀经理声称，将有才干的经理派去管理高效部门后，他们将撤换平庸的经理，然后挑选一名转亏为盈的高手去整治后进部门。

对选择相反方案的人，优秀经理警告说：平庸经理绝无可能领导优秀部门充分实现潜能；而落后部门将拖垮你的优秀经理。在这种情况下，你虽用心良苦，但最后结果却是不仅搞垮了两名经理，而且产值减半。

附录C
哪些天赋才干最常见

盖洛普在多年的研究过程中，有机会深入研究数百种工作的优秀业绩。我们发现，不同岗位的优秀人物所体现的才干千差万别。但是，我们应经理们的要求，列出以下最常见的天赋才干，并附上各自的简短定义。你可以使用这些定义来帮助你思考如何选拔合适的才干。

奋斗才干

包括：成就、行动、适应、信仰、纪律、专注、排难、自信、追求、统率、竞争

成就

精力充沛，锲而不舍，乐于忙忙碌碌并有所作为。

行动

能将想法付诸行动，但往往缺乏耐心。

适应

倾向于"随大溜"，活在"当前"，接受现实，随遇而安。

信仰

拥有某种经久不变的核心价值观，并由此形成明确的生活目标。

纪律

做事井然有序，有章有法。建立规程，遵章守纪。

专注

确定方向，贯彻始终，及时调整，矢志不渝。

排难

排除故障的行家里手，善于发现问题并解决问题。

自信

对自身的能力充满信心，有自己的处世准则，做决定时成竹在胸。

追求

希望在别人的眼中非同凡响，独立性强，渴望被承认。

统率

有大将风度，运筹帷幄，指挥若定。

竞争

参照他人的表现来衡量自身的进步，力争第一，陶醉于竞争的喜悦中。

思维才干

包括：分析、统筹、回顾、审慎、公平、前瞻、搜集、思维、学习、战略、完美、关联、理念

分析

喜欢探究事物的来龙去脉，有能力思考可能影响局面的诸多因素。

统筹

具组织能力及确保组织成功的灵活性，善于合理安排现有资源以实现最大功效。

回顾

喜欢追溯从前，通过揣摩过去来了解当前。

审慎

每做一个决定均慎之又慎，并设想所有的困难。

公平

深知应平等待人，并坚持这一准则，公平地对待每一个人。

前瞻

用对未来的憧憬激励周围的人。

搜集

充满好奇，喜欢搜集、整理各种各样的信息。

思维

长于思考，勤于自省，敏于探讨。

学习

有旺盛的求知欲，渴望不断提高自我。尤其令他们激动的，是求知的过程而非结果。

战略

足智多谋。针对不同的方案,能迅速找出相关的模式及结果。

完美

专注于激励个人和团体追求卓越。相信强中自有强中手。

关联

深信世间万物都彼此关联。没有巧合,凡事必有成因。

理念

痴迷于各种理念,能够从貌似毫无关联的现象中找出其相互联系。

交往才干

包括:沟通、体谅、和谐、包容、个别、交往、责任、伯乐、取悦、积极

沟通

善于将想法付诸言辞,极佳的交谈者和生动的讲解者。

体谅

设身处地地体会他人的情感。

和谐

渴求协调一致,避免冲突,寻求共识。

包容

善于接纳人,关心那些被忽略的人们,并让他们融入集体。

个别

对每个人的与众不同之处兴趣盎然,善于琢磨如何将个性迥异的人组合在一起,创造出最大成效。

交往

喜欢人际间的亲密关系,最大的满足是与朋友一道为实现一个目标而同舟共济。

责任

言必有信,信奉的价值观是诚实、忠诚。

伯乐

善于赏识并发掘他人的潜能,察觉他人任何细微的进步,并乐在其中。

取悦

喜欢结交新人并博取其欢心,在人际交往中打破坚冰、建立联系令他们倍感快慰。

积极

充满了富有感染力的热情,用快乐、向上来感召周围的人。

附录D

盖洛普是如何发现 Q12 的

我们首先召开焦点座谈会。每组座谈都邀请各公司最佳部门的员工参加。座谈由盖洛普的职业心理学家主持,对工作环境问题进行研讨。每组座谈均进行录音。前二十五年中,盖洛普召集了数千组这样的座谈会。

在座谈会基础上,我们设计了长篇问卷,问题涵盖员工工作经历的方方面面。据此,我们对一百多万员工实施了访谈。每次调查后,我们都对数据进行分析,以便寻找关键因子。

有五大因子反复出现:

1. 工作环境／程序。该因子涉及工作的硬件环境——例如安全、卫生、薪酬、福利和政策。

2. 直接主管。该因子涉及员工直接主管的行为——例如选拔、表扬、培养、信任、理解和纪律。

3. 团队／同事。该因子涉及员工对团队成员的看法——例如合作、共同目标、沟通和信任。

4. 公司整体／高层管理。该因子涉及公司政策和领导人——例如员工对公司使命和战略或领导人能力的信心。

5. 个人承诺／服务动机。该因子涉及员工自身对公司和顾客的承诺——例如员工对公司的自豪感，向别人推荐的愿望，终身为公司服务的可能性，以及向顾客提供优质服务的愿望等。

虽然我们还发现了其他一些二层因子——例如"沟通"或"发展"——但这五大因子解释了数据中几乎所有的变化。而在这五大因子中，最重要的莫过于直接主管。它解释了数据中特别大的一部分变化。

在此因子分析基础上，我们对数据进行了各种回归分析，以便识别数据中一些最有威力的问题。在这些分析中，我们使用了三个因变量：整体满意度，源于个人承诺因子的五个最佳问题，以及经营部门／班组的业绩结果。

在选择最后的十二个问题之前，我们增加了一个最后的条件：问题必须简单易行。它们必须是"可以付诸行动"的问题，而不是情感结果的问题，例如："你对你的工作环境整体满意度如何？"或者是"为现在的公司工作，你感到自豪吗？"

在识别了最有威力的十二个问题之后，我们对它们实施了严格的信度检验。书中介绍的元分析就是其中之一，将在下文详细介绍。

附录E
元分析的细节是什么

核心项目背景

过去二十五年中,盖洛普的研究人员使用定性和定量方法评测了员工对管理实践的核心看法。除了为几乎每一家客户公司设计特有的调查方案以外,盖洛普研究人员力图界定一组核心陈述,来测量形态各异的组织中员工的重要看法。他们还尽量将过程简化,以便于日理万机的经理人员操作。

盖洛普公司的研究人员在范围广大的行业中召开了数千场定性座谈会。此种研究的核心理念在于关注成功。盖洛普研究高效率的班组和个人长达二十五年。我们的研究人员在开发员工民意的测量模型时,侧重于持续重要并且经理们能够采取具体行动的人力资源管理的问题。通过一系列定性和定量研究,我们界定了十三个核心陈述。其中的定量数据在目前的元分析中加以整合。这十三个核心陈述如下:

> 1. 整体满意度——根据5分制,"5"表示非常满意,"1"表示非常不满意,你对××公司的工作环境满意度如何?

2. 我知道对我的工作要求。

3. 我有做好我的工作所需要的材料和设备。

4. 在工作中,我每天都有机会做我最擅长做的事。

5. 在过去的七天里,我因工作出色而受到表扬。

6. 我觉得我的主管或同事关心我的个人情况。

7. 工作单位有人鼓励我的发展。

8. 在工作中,我觉得我的意见受到重视。

9. 公司的使命／目标使我觉得我的工作重要。

10. 我的同事们致力于高质量的工作。

11. 我在工作单位有一个最要好的朋友。

12. 在过去的六个月内,工作单位有人和我谈及我的进步。

13. 过去一年里,我在工作中有机会学习和成长。

元分析

元分析的目的在于对大量不同研究所积累的数据进行统计整合。通过控制往往扭曲个案研究结果的测量和抽样误差,以及其他异样情况,元分析能提供异常重要的信息。元分析能消除偏差,准确评估两个或两个以上变量之间的真实关系。元分析通常进行的统计还能帮助研究人员了解是否存在关系的缓和因素。迄今完成的元分析已达一千多个，涉及心理、教育、行为、医疗和人事选拔等领域。在行为和社会科学领域的研究文献中，有大量个案研究，其结论往往互相矛盾。相比之下，元分析能帮助研究人员评估变量之间的平均关系，并对不同研究结论之间存在的人为差异进行修正。它为研究人员提供了一种方法，使其能判断不同的情况（如不同公司或地理位置）之间是否存在共性的信度和关系。

本文无意对元分析进行全面介绍。笔者鼓励读者参阅以下文献，以便了解较新的元分析方法的背景和细节：Schmidt（1992）；Hunter and Schimdt（1990）；Lipsey and Wilson（1993）；Bangert-Drowns（1986）；Schimdt, Hunter, Pearlman and Roth-stein-Hirsh（1985）。

假设与研究特点

本项元分析所探讨的假设如下：

1. 通过十三个核心项目所测量的员工对管理质量的看法与部门的经营业绩相关联（即：在这些项目上得分高的部门往往经营业绩较好）。

2. 在我们所研究的各类组织中，通过十三个核心项目所测量的员工对管理质量的看法具有相同的信度。

盖洛普的数据库中包括二十八项研究——这些研究都是为不同组织所做的专项研究。在每项研究中，我们使用了一个或若干个核心项目，然后根据经营部门对数据的综合，并与整体的经营业绩相联系：

- ⊙ 顾客满意／忠实度
- ⊙ 利润率
- ⊙ 效率
- ⊙ 人员流动率

即是说，在这些分析中，所分析的单位是经营部门，而非个体员工。

我们对皮尔逊相关值进行了计算，继而评测经营部门员工民意的均值与这四项整体业绩的关系。我们对每家公司进行了跨部门的关联测算，并根据十三个项目的每一项，将这些相关系数输入数据库。接着，研究人员根据经营部门的四项业绩指标，分别计算了信度均值、信度的标准偏差和信度综合统计。

以下是对构成本项元分析的各项研究的概述：

⊙ 有十八项研究探讨部门员工民意与顾客态度之间的关系。顾客态度包括顾客满意度得分、员工满意度得分、学生对教师的评分以及神秘顾客评分等。每项研究所使用的顾客评测工具各有不同。顾客满意／忠实度的通用指标为各项测量指标的均值。

⊙ 有十四项研究对利润率进行了评测。利润率的通常定义是营业额中利润所占百分比。在数家公司中，研究人员使用了最精确的利润指标，即与上年度或预算额相比的差额，继而对经营部门的相对业绩进行精确的评测。由于一些利润指标难以进行跨部门比较，我们采用了机会控制手段。例如，获得差额变量的过程是：首先将部门利润除以营业额，然后从所得百分比中减去一个预算百分比。在每项研究中，利润变量测量的是利润率，而效率变量测量的是产量。

⊙ 有十五项研究对生产效率进行了评测。对部门效率的评测包括营业额、人均营业额、病员人均营业额或经理层根据现有的全部效率指标和经营部门效率评比而作出的评测。在许多情况下，这是一个两分变量（效率最高的部门=2，一般的部门=1）。

⊙ 有十五项研究提供了人员流动数据。这些研究针对每个部门得出了员工流动的年度百分比。

整项研究共获得105,680名员工的有效答卷，覆盖2,528个经营部门，平均每个部门42名员工，每家公司90个部门。

以下是各项研究的公司行业分布和部门业务功能分布：

⊙ 本项元分析28%的经营部门属于金融公司，21%属于医疗机构，18%属于餐馆。其余行业包括娱乐、副食、研究、通信／出版、医疗器械、旅店、电子、政府和教育。

⊙ 31%的经营部门从事零售，28%从事金融，21%从事医疗，9%从事教育，11%从事其他行业。

为了进行可比分析，被测公司须对员工民意数据和经营业绩数据进行整合。然而，各公司在数据整合的层次上存在着相当的差异。相比之下，零售和金融公司为此类分析提供了大量机会，因为它们往往包括数量庞大并使用相似指标的经营部门。

元分析的实施

所做的分析包括对真实效度的加权估计、效度标准偏差的估计以及对抽样误差和对因变量测量误差的修正。最基本的元分析仅仅用于对抽样误差方差估计的修正上。Hunter和Schmidt（1990）所提出的其他修正则包括对测量的人为因素（例如范围约束、所收集的表现变量的测量误差）的校正。上述过程的定义将在下面有关部分得到阐述。

为了这项研究，研究者收集了多个时间段的表现变量的数据，用来测算商业表现测量的可信度。由于这些多重测量并不能完全适用于每一项具体研究，因此，研究者运用人为分布元分析方法（Hunter & Schmidt, 1990, pp.158-197）来修正表现变量的测量误差，而所开发的人为分布基于每年的重复测验的信度（它们可从各种学术成果中获得）。

在开展此研究时，还不存在对所使用量表类型中的问题的标准偏差的人口估计，所以没有对范围约束作任何修正。同理，对自变量（十三个核心问题）的测量误差也没有作任何修正。为了在核心问题层面上对自变量测量误差作充分的修正，重复测验（有短暂的时间间隙）的信度就显得十分必要。而这种估计数据在当时也不能得到。为了得到复合维度的信息（将在本报告的后面讨论），运用Cronbach的 α 估计来计算真实得分相关程度估计值，作为自变量信度值的估计。

正如上文所述，由于自变量的测量误差及范围约束，对量表中的问题的效度或方差并没有作任何修正。因而，下文对各问题的分析应是一种保守估计，真实方差的估计比其实际值略大。

> 在任何给定的元分析中，总会存在这样一些人为因素，有关这些人为因素的信息只能零星得到。例如，假设除抽样误差外，测量误差和范围约束是仅有的相关人为因素。在这种情况下，典型的人工分布元分析按如下三步进行：

⊙ 第一，信息按如下四种分布进行编辑：观察到的相关性分布、自变量的信度分布、因变量的信度分布、范围更新分布。

这样从所分的四个研究集中就可得到四个均值和四个相应的方差，而每一项研究都能提供该集所包含的信息。

⊙ 第二，对相关性分布进行抽样误差修正。

⊙ 第三，对第二步中的分布再进行测量误差和范围变化的修正（Hunter & Schmidt，1990，pp.158-199）。

在此研究的所有分析中，都对因变量的测量误差进行了修正。对每一个问题和每一个表现变量的元分析都包括了对利用效度和相关性之间方差加权的期望样本量的估计，再利用该估计的样本量对每一个效度加权。对基于抽样误差的加权的相关性的方差大小也进行了计算。利用在前面有关段落所提及的 Hunter / Schmidt 技术，下式给出了在"空骨头"元分析（"Bare Bones"meta-analyses）中计算来自抽样误差的方差的公式：

$$Ó_e^2 = (1-\bar{r}^2)^2 / \bar{N}-1$$

从所观察到的方差中减去由于抽样误差而导致的方差，以及由于因变量测量误差而产生的方差，结果就是真实得分标准偏差，真实得分标准偏差的平方根就是对因变量稀释作用的修正。抽样误差和测量误差所产生的方差除以所观察到的方差，其商便是总方差被解释的百分比。根据大拇指法则，如果研究中效度方面至少有75%的方差是由于抽样误差和其他人为因素产生的，那么该研究的效度便被认为具有一般意义。在本项研究中，由于两种测量误差人为因素不能得到修正，故研究者采用大于等于70%的置信水平来判断该研究的效度在各种公司间是否具有一般意义。

研究结果

下面就是考虑用户满意度和忠诚度标准而对十三个核心问题所进行的元分析的总结。所涉及的统计量有：研究中所包含的商业单位的数目、交互作用的数目、观察到的相关关系的加权期望值、观察到的标准偏差、真实效度标准偏差（扣除由于抽样误差和在表现变量上的测量误差所产生的方差）、来自抽样误差的方差百分比、被解释的方差百分比以及置信度为90%的置信值（真实效度超过该值的概率为90%）。

研究结果表明，在所有的十三项核心问题上，真实效度估计均为正值，其值落在0.057~0.191之间。如果某个问题具有90%的置信值，一般而言，我们有信心说真实效度是正的（在假设的方向上）。对于效度方差被解释了70%的问题，一般认为，该问题的效度不会随研究的变化而变化。在所考察的十三个核心问题中，有十一个具有正的90%的置信值，六项的效度不会随研究的变化而变化。

有趣的是，对第十二项（"在过去六个月内，工作单位有人和我谈及我的进步"），计算结果显示，效度方面的方差有148%来自抽样误差。对此现象的解释是：由于偶然因素，与来自随机抽样误差（该随机抽样基于每项研究中的商业单位数量）和因变量测量误差的变异性相比，在观察到的相关关系数据集中，各研究间的变异性程度碰巧偏小。还有另外两项，被抽样误差所解释的方差比例也超过100%。这儿所说的相关关系的实际置信水平我们将在余下的有关部分进行讨论。对于那些效度在各公司间没有一般意义的问题，可能是由于存在其他一些变量，缓和了员工与用户满意度感知之间关系的强度。例如，对"意见受重视"的中和因子可能在于管理者不仅仅聆听员工的意见，还利用这些意见去影响用户。拥有高真实效度、在各公司间具有一般化意义的问题有：

- ⊙ 我在工作单位有一个最要好的朋友
- ⊙ 在工作中，我每天都有机会做我最擅长做的事
- ⊙ 我知道对我的工作要求
- ⊙ 我觉得我的主管或同事关心我的个人情况

当获得多重一般性估计时，第二类抽样误差在一定程度上会影响研究结果。我们用下面的公式来计算被解释的均方差（单位被解释的方差所对应的期望值）：

$$\text{Variance} = \frac{1}{(\sum(1\%\text{Var.}))/K}$$

从平均意义上讲，反映用户满意度标准的各问题效度间的方差有66.96%得到解释。当平均真实效度显著为正时，员工与用户

满意度感知之间的关系强度会轻微受到一个或其他多个因素的中和。需要提醒读者的是，这些结果还没有对其他人为因素（例如，自变量测量误差和范围约束）进行修正。一旦这些结果对其他人为因素进行了调整，很有可能导致探测实质性中和关系的空间变得非常小。

下面是十三项核心问题和获利标准关系的概要性分析。在所分析的十三个问题中，有十项具有正的90%的置信值，并且，有九项可解释70%以上的效度方差。问题间被解释的均方差为69.21%。同样，也存在一定（虽然比较小）的中和关系空间。那些不具一般意义的项包括："谈及我的进步"、"公司的使命"、"工作所需要的材料与设备"以及"最好的朋友"。这些问题在效度方面的方差约有50%被抽样误差和因变量的测量误差所解释。在各公司间具有一般意义且和盈利能力标准具有高效度的问题有：

- ⊙ 整体满意度
- ⊙ 我的同事们致力于高质量的工作
- ⊙ 在工作中，我每天都有机会做我最擅长做的事
- ⊙ 我觉得我的主管或同事关心我的个人情况

下面是对十三项核心问题和生产效率标准之间的关系所做的元分析和效度一般化统计分析的概述。同样，它们两者之间的关系是正向的。所有的置信水平为90%的置信值均为正，并且有

十一项可以解释70%以上的效度方差。问题间被解释的均方差为83.72%，这表明中和因子发挥效应的空间非常小。然而，在各问题间真实效度估计的数量级上存在一定的变异。对于生产效率标准而言，具有高效度的问题有：

- ⊙ 我知道对我的工作要求
- ⊙ 在工作中，我觉得我的意见受到重视
- ⊙ 公司的使命/目标使我觉得我的工作重要
- ⊙ 整体满意度
- ⊙ 我的同事们致力于高质量的工作

最后，我们给出十三项核心问题与营业额之间关系的元分析和效度一般化分析的总结。对于置信度为90%的置信值，四项为负，两项接近0。因此，在此六项上，我们确信它们之间的关系是负向的（正如事先所假设的）。有十项，效度方差的解释程度超过70%。问题间被解释的均方差为91.96%，表明中和因子发挥效应的空间非常小。有趣的是，在众多具有高度真实效度的问题中，第三项（"我有做好我的工作所需要的材料与设备"），员工对它的认知及对营业额的认知，在各公司间并不具有实质性的不同。具有高度负相关且具有一般意义的问题有：

- ⊙ 我有做好我的工作所需要的材料与设备
- ⊙ 整体满意度

表1　统计分析总结

标准测量	研究数目	商业单位期望值	观察到的相关关系的期望值	真实效度的期望值
客户满意度	18	2,170	0.107	0.122
利润率	14	1,490	0.084	0.133
生产效率	15	1,148	0.126	0.128
员工流动率	15	1,552	−0.023	−0.045

⊙ 我觉得我的主管或同事关心我的个人情况

表1显示了在本研究中对上文所述四个表现因子标准测量所进行的统计分析的总结。表中涉及的项有：每个变量的研究数目的均值、各问题的商业单位数目的均值、每一问题所观察到的相关关系的期望值以及真实效度的期望值。

总之，所研究的各问题（十三项核心问题）和客户满意度、利润率和生产效率的关联性水平相当，而和员工流动率的关联性则处于比较低的水平。

在这些分析的相关关系中，平均元分析的相关程度为0.107，对此数量的实际利用参见Harter和Creglow（1998）的讨论。

表2是对那些具有正的90%的置信值（对营业额而言则为零或负）以及效度方差被解释了至少70%的问题的分析总结。在用户满意度上，有六项满足标准；在利润率上，有九项满足标

表2 元分析具有相关性且具有一般意义的研究项

核心项	客户	利润率	生产效率	流动率
1. 整体满意度		*	*	*
2. 知道对我的工作要求	*	*	*	*
3. 有做好工作所需要的材料和设备			*	*
4. 有机会做我最擅长做的事	*	*		*
5. 因工作出色而受到表扬	*	*	*	
6. 主管或同事关心我的个人情况	*	*	*	*
7. 鼓励我的发展		*	*	
8. 意见受到重视		*	*	
9. 使命/目标使我觉得我的工作重要			*	
10. 同事们致力于高质量的工作		*	*	
11. 在工作单位有一个最要好的朋友	*		*	
12. 有人和我谈及我的进步	*		*	
13. 有机会学习和成长		*		

准；在生产效率上，有十一项满足标准；在流动率上，有五项满足标准。

维度相关的计算

根据盖洛普管理学院的研究，十三项核心问题被分成如下四组常用的理论框架：

大本营："我的获取"

问题2：知道对我的工作要求

问题3：有做好工作所需要的材料和设备

一号营地："我的奉献"

问题4：有机会做我最擅长做的事

问题5：因工作出色而受到表扬

问题6：主管或同事关心我的个人情况

问题7：鼓励我的发展

二号营地："我的归属"

问题8：意见受到重视

问题9：使命／目标使我觉得我的工作重要

问题10：同事们致力于高质量的工作

问题11：在工作单位有一个最要好的朋友

三号营地："共同成长"

问题12：有人和我谈及我的进步

问题13：有机会学习和成长

上述复合维度的信度参见 Harter（1998）的评论。

对上述复合维度以及除"问题1：整体满意度"外的其他十二项合计的信度的估计用来修正自变量的测量误差。在计算复合维度相关性时，在一个综合性企业的层次上计算各问题组内的相关性的分布，同时结合考虑了十二个问题间的研究。多数研究均包含了该十二个问题中的大多数问题，在每一项研究中所包含的问题数目随研究的不同而不同。因此，计算了问题的有关统计量，对问题的元分析估计值也被用来计算和各种标准的复合维度相关性。由于"是/否/不知道"量表及5分制量表在研究中常常互相替换，因而研究者计算了基于上述两种量表的加权平均问题组内相关性。

对所有的研究样本，十九项研究使用了5分制量表，九项研究运用了"是/否/不知道"量表。复合得分估计需要组内相关性的结果（Hunter & Schmidt, 1990, p.455），复合得分可按下列公式求得：

$$\overline{C}_{xx} = \frac{1+(n-1)\overline{r}_{xx}}{n}$$

$$r_{xy} = \frac{r_{xy}}{\sqrt{c_{xx}}}$$

c_{xx} = 问题的平均方差

$\overline{C}_{xx}$ = 问题和标准之间的平均相关性

$\overline{r}_{xx}$ = 平均问题内部相关性

r_{xy} = 复合得分相关性

对十二项合计来说，它和用户满意度／忠诚度、利润率和生产效率的标准的真实得分相关系数为0.19。（为了计算真实得分相关系数，上述第二式的分母变为因变量信度的平方根乘以自变量信度的平方根。）在员工流动率方面，真实得分相关系数为负数，但数值比较小。和员工流动率具有最高相关关系的维度是基本组维度。因此，对于那些其员工知道公司对他们的要求及有为做好工作所需的材料和设备的公司来说，它的员工流动率相对低于其他公司。和利润率具有最高相关关系的维度是组一维度，对于用户满意度／忠诚度则是基本组维度和组二维度。和其他组相比，虽然组三维度和用户满意度／忠诚度、利润率和生产效率均具有正的相关性，但它和企业经营绩效的相关性最低。

如果想要了解这方面的更多信息，请查阅Dr. Jim Hulfish和Ame Creglow的研究报告：《核心员工认知和业务产出关系的元分析和效应分析》（盖洛普美国总部有保存）。上述报告的摘要写于1998年，报告每年都根据盖洛普的最新研究成果做相应的更新。

中文版后记

《首先，打破一切常规》中文版的翻译工作由鲍世修主持，赵昆、陈平和李华参与翻译。译文准确、流畅，力求保持原作风格，并对部分难点作了注释。

盖洛普美国公司总裁吉姆·克利夫顿、副总裁拉里·埃蒙德和原书作者对本书中文版的翻译及出版给予热忱支持和指导。

盖洛普（中国）公司总经理郭昕指导并参与出版的组织工作和译校；分析师蒋震洪承担部分技术性章节的翻译；盖洛普在华专家伊萨贝尔·克劳斯对部分翻译难点提供协助。盖洛普（中国）公司诸多员工参与本书的校对。

此外，中国青年出版社易小强、刘炜对此书的出版给予大力推动和及时指导。

特致诚挚的谢意。

方晓光

2002年4月，北京

中文改版